万卷方法

研究方法·基础应用

参与观察法

关于人类研究的一种方法

Participant Observation: A Methodology for Human Studies

丹尼·L.乔金森 **著**

张小山 龙筱红 **译**

重庆大学出版社

Authorized translation from the English language edition, entitled PATICIPANT
OBSERVATION，by Danny L. Jorgensen, by Sage Publications, Inc., Copyright©1989 by Sage
Publications, Inc.
All rights reserved, no part of this book may be reproduced or utilized in any form or by any means,
electronic or mechanical, including photocopying, recording, or by any information storage
and retrieval system, without permission in writing from the publisher.CHINESE SIMPLIFIED
language edition published by CHONGQING UNIVERSITY PRESS,Copyright©2007 by
Chongqing University Press.
参与观察法。原书英文版由 Sage 出版公司出版。原书版权属 Sage 出版公司。
本书简体中文版专有出版权由 Sage 出版公司授予重庆大学出版社，未经出版者书面许可，
不得以任何形式复制。

版贸核渝字（2015）第 155 号

图书在版编目（CIP）数据

参与观察法/（美）乔金森（Jorgensen,D.L.）著；张小山，龙筱
红译. —2版（修订本）. —重庆：重庆大学出版社，2015.5（2021.12重印）
（万卷方法）
书名原文：Participant Observation: A Methodology for Human Studies
ISBN 978-7-5624-8922-1

Ⅰ.①参⋯　Ⅱ.①乔⋯②张⋯③龙⋯　Ⅲ.①社会科学—调查研究
Ⅳ.①C3

中国版本图书馆CIP数据核字（2015）第103338号

参与观察法
（修订版）

丹尼·L.乔金森　著

张小山　龙筱红　译

策划编辑：林佳木

责任编辑：林佳木　　版式设计：林佳木

责任校对：贾　梅　　责任印制：张　策

*

重庆大学出版社出版发行

出版人：饶帮华

社址：重庆市沙坪坝区大学城西路21号

邮编：401331

电话：（023）88617190　88617185（中小学）

传真：（023）88617186　88617166

网址：http://www.cqup.com.cn

邮箱：fxk@cqup.com.cn（营销中心）

全国新华书店经销

重庆华林天美印务有限公司印刷

*

开本：940mm×1360mm　1/32　印张：5.125　字数：123千

2015年5月第2版　　2021年12月第5次印刷

ISBN 978-7-5624-8922-1　定价：29.00 元

❝ 译者前言

    我国社会科学自改革开放以来，已经取得了长足的发展，社会研究方法的运用与探索也有了较大进步，涌现出了不少质量上乘的优秀作品。不过与国际一流水平相比，国内的社会研究方法方面仍然存在相当差距，这在学术期刊以及学位论文上都有比较明显的反映。其中一个重要表现是：研究者在一些社会研究方法论的核心问题上还没有达成真正的共识，进而造成某些不必要的误解和混乱，对于初学者或入门者来说，更是感到迷茫困惑、不知所措（也有少数无知无畏者盲目乐观、过分自信、瞎冲乱撞、不讲章法）。

    举一个例子。在本科生和研究生（包括博士生）学位论文开题甚至毕业论文答辩中，经常会遇到这样的情况：一个质性研究的主题，却套用一个定量研究的框架（也有倒过来的，即定量研究的主题，安置了一个质性研究的框架。不过后面这种情况相对少见，一个基本的原因可能是定量研究的写作框架相对固定，程序化的程度比较高）。这些研究设计显示出如下研究理路：试图用少数的个案资料来验证一个已有的理论或预期的假设。殊不知这样的做法从方法论上讲是完全错误的。因为在社会研究领域，几乎任何理论假设原则上都可以找到与之相符合的少数个案。若要切实有效地检验假设，必须运用全部的个案或通过科学抽样得到的有代表性的样本才行，而不是先入为主地选择少数几个于己有利的特殊个案。实地研究（又称田野研究）不应变成研究者利用个人主观臆断的概念图式或预先接受的理论框架去筛选、锚定甚至裁剪事实材料的捷径——即专门挑拣与研究者主观意图相符合的个别事实，刻意回避那些与原先判断不一致的各类材料，遵循所谓"大胆猜测，小心求证"的原则。这样做的结果，只能发现那些研究者带着有色眼镜打算发现的现象，而对事情的真相与全貌却置若罔闻、视而不见，根本不可能真正了解和认识经验事实。毫无疑问，如此得到的经验是片面的、扭曲的，所获取的知识也必然是偏狭的、谬误的。

事实上，在比较严格的社会科学学术研究中，质性研究通常是用来建构理论的，而定量研究则是用来检验理论的，两者的基本逻辑并非完全一样，评价标准也存在很大的差异。检验理论的研究过程大致如下：①既定理论，②理论命题，③操作化，④实地调查，⑤得出结论。建构理论的研究过程则对应为：①操作化，②实地调查，③初步结论，④理论命题，⑤提出理论。也就是说，检验理论的研究过程与自然科学的假设－检验模式相似：首先给出既定理论，据此建立可被检验的具体命题，然后设计一个有针对性的、可操作的研究方案，进而在研究现场实施方案、收集所需的经验资料，最后撰写研究发现并结合初始理论展开进一步的讨论；而建构理论的研究过程则体现出"扎根理论"的特点：首先在比较模糊的理论背景下对所研究的问题进行界定、聚焦，设计出有一定针对性的研究方案，接着在研究现场实施方案、收集相关的经验资料，然后基于对资料的仔细分析得出初步结论，进而提炼出一些概念和范畴，形成某些理论陈述（并不断返回前面的研究阶段，重复同一过程，通过再三检验、比较，逐步修正、完善），最后建构出更具一般性和系统性的理论。需要强调的是，尽管定量研究和质性研究从方法论上讲存在较大差异，但它们并不是完全对立的，在很大程度上它们其实是一种互补关系。首先，定量研究和质性研究都可以用来描述状况，只不过定量研究适合于展示社会整体的结构性一般特征，强调模式化与简约化的重要价值，而质性研究则擅长于揭露具体事件的过程性丰富细节，突出复杂性和多样性的独特意义。两类描述各有特色，完全可以相互补充。其次，虽然一项具体的研究可以只以建构理论或检验理论为目标，但完整的社会研究则是二者缺一不可，并构成一个首尾相连的科学研究环；而且，以质性研究方式所获得的理论一方面为定量研究提供了所需检验的理论，另一方面质性研究所获理论若能通过定量研究的检验而得到证实，人们对该理论将会更有信心，而它成立的可能性也往往更大。另外，必须指出的是，一项具体的社会研究不可能是纯粹的质性或定量的研究，而是既有质性的成分又有定量的成分，我们给它贴上质性或定量的标签，其依据无非是看该研究主要运用的是哪种研究方式得出其关键结论的。当今不少研究者积极尝试混合式研究，探索更加合理有效地将定量研究与定性研究完美地结合起来。

还有一点误解需要澄清。不少初学者（包括某些资深研究者）认为质性研究门槛较低，没有什么条件限制与约束，技术含量少，简便易学，现学现会，无需具备科学基础、不用接受专业训练就能轻松胜任，要做的仅仅只是进入现场开展研究就行，坚信车到山前必有路。相反，定量研究门槛较高，存在较多条件限制与约束，技术含量大，复杂难学，不易掌握，必须具备一定科学素养、接受专业训练才能从容应对，至少需要事先学会抽样原理、统计分析、软件运用等专业技术，让人感叹书到用时方恨少。也正因如此，不少研究者望定量研究而却步，转向质性研究寻找机会。其实，无论是定量研究还是质性研究，若要做好都必须付出艰辛的努力。相对而言，质性研究看似容易，但做好很难，更具欺骗性。定量研究拥有相对严格规范的研究程序，以及比较公认统一的评价标准，只要掌握了相应的基本原理和方法，认真踏实去践行，无需天赋与灵气，照葫芦画瓢，就能做出四平八稳、可以接受的规范研究。而质性研究由于缺乏严格规范的研究程序，以及比较公认统一的评价标准，因而研究者自由发挥的余地相对很大，对研究者综合素质的要求也往往更高，一般不太可能通过简单模仿已有的研究，按图索骥就能得到质量过得去的研究成果。现实中有些研究者只是到研究现场走马观花地转转，随意找几个当地人海阔天空地聊聊，就大笔一挥洋洋洒洒地撰写出长篇调查报告，并且宣称证明了预期理论或取得了重大的研究发现。这类报告大都结构混乱，逻辑不通，材料零散，论证乏力，方法错误，漏洞百出，让人难以卒读。实地研究（或田野研究）作为一种重要的质性研究方法，运用起来绝非常人想象那样简单平凡，易如反掌，不学也会，无师自通。一项严肃的实地研究通常都要花费至少一年的时间亲历现场，必须深入到当地人的生活当中，由局外人变为局内人，通过参与观察、深度访谈等方式收集大量丰富生动的资料，进而展开既繁琐、细腻又极需创造性和想象力的资料整理与分析工作。

参与观察法是社会研究的一种重要方法，也是实地研究的核心技术，在质性研究中发挥着极为关键的作用。在眼下的大数据时代，有人说传统的抽样调查及数据处理方式已经过时，新的定量研究和统计分析借助总体海量的、杂乱的各种信息，试图找出模糊的相关关系而不是精确的因果关系。那么，历史更加悠久的参与观察法是否会从社会研究中淘汰出局呢？笔者认为，参与观察法作为一个长期深入实地、注重从局内人角度体验、探索社会世界基本意义的田野研究方法，拥有其他方法无可替代的特点和优势，永远都是从事社会研究不可或缺的重要途径和基本手段。

本书作者乔金森（Danny L. Jorgensen）是美国南弗罗里达大学宗教研究系的教授，并于 1999—2006 年间担任该系的系主任。他出生于 1951 年，1979 年在俄亥俄州立大学获社会学博士学位。乔金森的研究兴趣主要集中在文化社会学、知识社会学和宗教社会学等领域。他出版了多部著作，在《美国社会学杂志》《社会学季刊》《城市生活》《符号互动》等重要刊物上发表了大量的学术论文。他运用参与观察法做出了许多杰出的研究，是该方法的著名倡导者和享有盛誉的权威人士。本书是作者长期从事参与观察法的实践经验和理论思考的结晶，对于该方法做了非常系统生动而又简明扼要的介绍，是了解和运用该方法极为难得的入门书和参考书。这一版的中文译本，对原译本进行了全面的修订，纠正了一些错误，文字上也做了不少润色，使得新译本的可读性更强了。当然，译文仍会存在疏漏不足之处，恳请读者批评指正。

张小山

2014.09.30

作者前言 "

本书介绍了参与观察（participant observation）的基本原则和策略，主要针对的是那些没有这方面背景或经验的学生、专业人员、大学教师和学者。运用本书提供的材料，你可以着手开展参与观察研究。本书将帮助你了解并运用参与观察这种独特的研究方法。

参与观察法具有几种不同的概念。从实证主义的观点来看，人类研究的方法必须与自然科学（例如物理学）的研究方法保持一致，因而参与观察法有时被认为是不科学的（Easthope，1971）。然而更为普遍的是，在以探索和描述为目的的科学研究的初级阶段，参与观察法被实证主义者认为是非常有用的（Lazarsfeld，1972；Babbie，1986）。参与观察中产生的质性描述形成了概括、假设以及测量的概念。简言之，从实证主义的观点来看，参与观察仅仅只是一种特殊形式的观察，是收集资料的一种独特方法，但无助于建构解释性理论这一最终的科学目标。

许多参与观察的热情拥护者，有时候仅将它理解为一种收集资料的方法，另一些时候他们则试图将参与观察法和人类研究的实证主义观念进行协调。例如，参与观察在测量概念、检验假设、提出因果说明等方面，被

认为非常有益 (McCall, 1978; Loftland & Lofland, 1984)。然而，更一般的看法是，把参与观察法概念化，认为它根本不同于自然科学的研究方法，是一种特殊的方法论，仅仅只适于具有人类生活特性的研究。参与观察法虽然没有其他方法那么"科学"——换言之，它归属于人文主义的方法论，然而，它却是为了适应人类研究中独特主题所进行的必要的科学改造 (Bruyn, 1966; Johnson, 1975; Douglas, 1976)。近来一些民族志研究的倡导者将参与观察法的科学地位之争，看作是其发展史上的前现代阶段 (Denzin，即将出版; Clifford & Marcus, 1986; Rabinow, 1977; Van Maanen, 1983)。

但是，参与观察这一人文主义方法究竟包括什么内容，并非完全清晰。这至少有两个方面的缘由。第一，参与观察法的实践者反对用公式表达确定的程序和技术，这种实践被看作是熟练的技巧，不适于任何直线式的机械表述，鼓励对学习参与观察法感兴趣的人拜师学艺，重温以往的研究案例，并且深入观察现场，从直接经验中进行学习 (Wax, 1971)。对许多热情的实践者来说，参与观察法是一种技艺形式，从其本意上讲，几乎就是一种适于形成口耳相传习惯的生活方式。第二，甚至当参与观察法以教科书的形式被明确讨论和表述时，仍然会被强调其具有大量的不同特征。在局内人的意义世界，日常生活的自然环境，进入研究现场，建立相互关系，培养信息提供者，参与、观察、收集资料的其他形式，发现和归纳的逻辑，阐释性理论的建构等方面，都存在分歧很大的论述 (Hinkle & Hinkle, 1954; Lindeman, 1923; Palmer, 1928; Webb & Webb, 1932; Junker, 1960; McCall & Simmons, 1969; Lofland, 1971; Schatzman & Strauss, 1973; Spradley, 1980; Hammersley & Atkinson, 1983)。

为了建立一套参与观察法的概念并便于表述，必须做出某些决定和让步。对我来说，参与观察法是我永久专注的事业——如果不是一种生活方式的话，并且是我的社会认同的重要组成部分。然而，不必像我一样投身此项工作，你同样能够恰当地运用参与观察法并从中获益。

各种形式的科学研究都不可避免地涉及大量不同的非理性的、超科学的因素，这就要依赖于研究者机敏的判断、决定和技巧（Watson，1968；Cicourel，1964，1968，1974；Garfinkel，1967；Knorr - Cetina & Mulkay，1983）。对参与观察法来讲尤其如此，因为这种实践从根本上讲依靠研究者具有娴熟地适应日常生活具体环境的能力（Johnson，1975，1977）。有些人部分地因为他们的交际能力，很容易与别人建立起关系，较之缺乏这种能力的人，他们更容易开展参与观察研究。同样的道理，有些人可以成为更好的参与观察研究者。

参与观察法的逻辑不是线性的，这种实践要求研究者广泛运用不同的技巧，做出判断，拥有创造性，并且还有许多非理性的因素会影响实际研究的许多方面（Johnson，1975；Douglas，1976；Reimer，1977）。参与观察法不能只用一系列非常刻板的步骤来说明，不是任何人按图索骥，就能无一例外地获得令人满意的参与观察研究成果。然而，这并不是说我们不能够或不应该以直接的、完全实用的方式来介绍参与观察法。本书在阐述参与观察法的概念时，正视非理性因素对研究者及其研究的影响，提醒研究者对非理性因素保持警觉，鼓励他们特别是在公布研究成果时，坦诚地交代这些影响。此外，本书介绍了参与观察法的技术特征，鼓励从事参与观察法的实践者培养人际交往的技能，培养在研究现场做出创造性的判断、进行敏锐思考及采取机智行动的能力。

要调和实证主义和人文主义的科学概念一向是不可能的。这套系列丛书的编辑们希望我提出一个更普遍或更一般的参与观察法的概念。我已经低调地处理了参与观察法与实证主义方法之间的论战，只是强调参与观察法的特征，而没有过多涉及与实证主义方法之间的对照和比较。我无法阻止读者将参与观察法仅仅当作在实证主义理论及研究的观念中的一种收集资料的方法。这样，参与观察法的作用虽然不能得到充分的发挥，但也不会出现太大的不良后果。

然而，我只能把参与观察法当作完全的人文主义的方法加以介绍，对我自己而言是这样，就该方法的长期传统来说也是如此。直接涉入人们的日常生活，不仅为参与观察法的研究逻辑和过程提供了参照基点，而且对于那些从非参与者角度来考察模糊不清的现象的研究，也提供了深入其中的有效策略。这些以及参与观察法其他有关方面都极大地依靠现存文献和传统的帮助，尤其倚仗美国人类学和社会学已经建立起来的传统（Hinkle & Hinkle, 1954; Wax, 1971; Emerson, 1983）。但是本书提出的参与观察概念，旨在提供一个看待这个方法的连贯统一的观点，而不仅仅是些七拼八凑地借用某些元素的组合。我赞同邓津（Denzin，即将出版）提出的观点，参与观察法当前正经历着根本的变化，因为它的实践者们都试图将它与后现代的观点进行整合。我强烈反对那种认为这种变化要求完全排斥已有的传统，或者认为我们不再需要现存的方法或方法论的观点。

本书第 1 章介绍了参与观察法的概念。第 2 章讨论并阐述了参与观察法的独特逻辑。后面几章探讨了参与观察法的几个具体方面：进入人类生活的现场（第 3 章）；参与（第 4 章）；建立和维持与研究现场的关系（第 5 章）；观察并收集资料（第 6 章）；笔记、记录及档案的制作和保存（第 7 章）；分析结果（第 8 章）；撤离现场和交流研究成果（第 9 章）。

我要感谢许多帮助我完成这部作品的人。早年，玛格丽特·纳尔逊（Margrette L. Nelson）鼓励我涉足社会学并运用参与观察法。吉塞拉·辛克尔（Gisela J. Hinkle）进一步培养和加强了我对于这些方面的兴趣，还发展出一种批判的向度。本书的观点受到斯蒂芬·特纳（Stephen P. Turner）的启发，在完成本书的整个过程中，他都给予了我鼓励和支持。约翰·约翰逊（John M. Johnson）和大卫·阿尔施莱德（David L. Altheide）直接影响了我对于参与观察法的思考和实践。他们向我介绍了杰克·道格拉斯（Jack D. Douglas）及其著作，其中许多著作对当前理解这种方法都极其重要。他们还是一个重要的当代实地研究者（field-workers，又译田野研究者或田野工作者）

圈子的核心成员，凭借他们的帮助，我得以加入其中。约瑟夫·柯塔巴 (Joseph A. Kotarba)，彼得·阿德勒 (Peter Adler) 和卡洛林·埃莉丝 (Carolyn S. Ellis) 阅读了本书手稿并提出了宝贵意见。卡洛尔·兰波 (Carol Rambo) 使自己成为研究现象的经历，促使我对这一策略进行了重新思考。我深深地感谢负责打字、编辑并使本书得以成形的那位极有才干的幕后功臣，尊重她的要求，在此不公开她的姓名。真诚感谢位于圣彼得斯伯格的南佛罗里达大学纳尔逊·波因特 (Nelson Poynter) 纪念图书馆主任山姆·福茨杜建 (Sam Fustukjian)，以及图书馆全体工作人员，特别是海伦·艾伯森 (Helen Albertson)，杰克·舒梅克尔 (Jackie Shewmaker) 和蒂娜·内维尔 (Tina Neville)，他们热情而专业地帮我查找相关文献。朱丽 (Julie)、格丽塔 (Greta)、艾德里安 (Adrean)、艾瑞克 (Eric) 和米奇 (Mikkey) 一直帮助我与现实的日常生活保持着联系。琳 (Lin) 的温情陪伴让我的生命拥有最大的意义。

丹尼·L. 乔金森 (Danny L. Jorgensen)

CONTENTS 目 录

第 1 章
参与观察方法论

本章从参与观察法的七个特性对它进行介绍、界定和阐述，描述和分析参与观察法的运用及其局限性，并且将参与观察法与其他方法论及方法，尤其是实验法和调查法进行了对照和比较。

参与观察法的运用

参与观察法几乎适用于人类生活各个方面的研究。运用参与观察法，可以描述发生了什么，所牵涉到的人或物，事发的时间和地点，怎样发生，为什么发生——起码可以从参与者的角度做出判断——事件在特定的情形下发生的原因。该方法尤其适用于研究人类生活所体现的当时的社会文化背景，研究事件的发生过程，人们与事件的关系及组合，事件的时间连贯性和模式。

参与观察法特别适用于下列学术问题：

· 人们知之甚少的现象（新近形成的群体或运动、情感作用、基督教原教旨主义的学校、人类的即兴行为）。

· 局内人 (insiders) 和局外人 (outsiders) 的观点存在着严重分歧（族群；工会；管理部门；亚文化，如神秘主义者、扑克游戏者、裸体沙滩成员；甚至一些职业人士，如内科医生、部长大臣、新闻播音员或科学家等）。

· 在局外人看来模糊不清的现象（私密的互动及小群体，如身体和精神的疾病、青少年性行为、家庭生活或宗教仪式）。

· 不为公众所知的现象（犯罪与越轨；秘密群体和组织，如吸毒者和贩毒者、神秘偏执的宗教）。

然而，参与观察法并不适用于所有的学术问题。例如关于大规模群体的问题，有限的一组变量中明确的因果关系，众多可测量的事物。这些问题最好运用其他的研究方法，如调查法或实验法。只有在至少具备了以下基本条件时，运用参与观察法才最为合适：

· 所研究的问题是从局内人的角度看的，涉及人类的互动和意义。

- 所研究的现象在日常生活情境或场景中可以观察得到。
- 研究者能够进入合适的现场 (setting) 之中。
- 现象的规模和范围都相当有限，可以作为个案研究（case study）。
- 所研究的问题适合于个案研究。
- 所研究的问题可以用质性资料加以说明，这些资料可通过直接观察和适合该场合的其他方法来收集。

参与观察法特别适合于探索性的研究、描述性的研究和旨在进行理论阐释的研究。参与观察法研究尽管不是那么有助于检验理论，但是确实适合于批判性地考察理论以及其他的知识诉求。

参与观察法的特性

参与观察法包括原理、策略、程序、方法和研究技术。在此可用七个基本特性对参与观察法进行界定：

- 从一个特定情境的局内人或成员的角度出发，对人类互动及意义怀有特殊的兴趣。
- 将此时此地的日常生活的情境和场景作为研究方法的基础。
- 强调阐释和理解人类生活的理论形式和理论建构。
- 一种独特的研究逻辑和过程：开放、灵活、随机应变，并且要求从具体的人类生活场景中获取资料，不断地重新定义问题。
- 一种深度的、质性的个案研究方法和设计。
- 一个或多个参与者的角色扮演，并涉及建立和维持与当地人之间的关系。

·运用直接观察法的同时还运用其他收集资料的方法。

最后，参与观察法的目的在于创立某些以日常现实生活为基础，关于人类生活的应用性理论原理。

局内人的观点

人们在日常生活的过程中形成对周围世界的理解，赋予它意义，并根据这些意义进行互动（Schutz, 1967; Blumer, 1969; Denzin, 1978）。如果人们认为某情境是真实的，那么它的结果也是真实的（Thomas and Thomas, 1928）。当然，人们对于某情境的意义也许会有"误解"，然而即便是错误的信念也具有真实的结果。对于居民、当地人、局内人或者成员来说，日常生活的世界就是现实（Lyman and Scott, 1970, 1975; Berger and Luckmann, 1966）。域外人、局外人或非成员是无法直接获得局内人有关现实的观念的，因为他们必须首先作为陌生人去经受体验（Schutz, 1967; Simmel, 1950）。

只有充分理解了表达其观念的文化和语言，才能掌握局内人对于他们世界的原有观念（Hall, 1959, 1966）。只有懂得了他们的语句在特定情境中的含义，才能进一步地理解他们的观念 (Hall, 1976)。在特定的情境中，局内人控制、运用和交流这些语言的含义时，有意无意地使之模糊、隐蔽或藏匿起来，从而导致其与局外人的看法大相径庭（Goffman, 1959, 1974; Douglas, 1976）。

参与观察法的重点在于了解局内人对于人类生活的理解（Znaniecki, 1934; Spradley, 1980）。从局内人的角度看待的日常生活世界是参与观察法所要描述的基本现实。有所不同的是，参与观察法追求的是发现、接近和揭示人们对于日常生活的意义（现实）的理解。将确定日常生活的意义放在首位，而不是从现存的理论和假设所确定的概念入手，这是参与观察法不同于其他方法的地方。

埃莉丝（Ellis,1986）在对两个切萨皮克（Chesapeake）社区进行的研究中，成为了一名参与观察者，她试图从成员的角度描述这些以捕鱼为业的社区居民的日常生活活动。拉图尔和伍尔加（Latour and Woolgar，1979）以及林奇（Lynch， 1985）运用参与观察法描述了局内人关于科学实验室的观念。米切尔（Mitchell, 1983）通过参与观察，运用局内人的观点，描述了登山运动的经验和意义。克雷曼（Kleinman, 1984）应用参与观察法，从局内人的视角，揭示了神学院生活的意义。切尼兹和斯旺森（Chenitz and Swanson，1986）提倡运用参与观察法发展和完善有助于护理职业的实用理论。加里梅耶（Gallimeier, 1987，即将发表）在他的报告中，以参与观察法为基础，集中阐述了职业曲棍球队员的经历及其意义。总之，参与观察法对于了解局内人的意义世界提供了直接体验和观察的途径。

日常生活世界

日常生活世界就是参与观察法的对象，它是普通而寻常、典型而自然的人类程式化的生活环境。这个世界与研究人员在实验和调查中控制、创造和描述的环境形成了对照。人们知道，动物在它们的自然栖息地与在研究人员建立和操纵的环境中（如动物园或实验室），其行为和互动方式是截然不同的。同样，当人们知道他们正在被观察和研究时，尤其是当研究人员贸然地操纵环境时，他们的行为方式肯定

会有所不同 (参见 Roethlisberger & Dickson，1939； Douglas，1976；Douglas et al.，1980)。

日常生活的此地和此时，至少从两个基本的方面来看，对于参与观察法是非常重要的：其一，它是研究者界定和再界定研究主题和问题的起点。其二，它是研究者所要参与其中的现场。无论所研究的问题最初来源于抽象的理论、实际的经验、偶然的机缘，还是其他任何事物，最终都必须参照人类日常生活的情境来明确地确定什么是所要研究的问题以及怎样处置它们。同样，研究者必须参与到日常生活的情境中进行观察。研究者要竭尽全力减少作为域外人或非参与者对研究环境的侵犯，采取参与者的角色，展开干扰较少的观察。

例如，桑德斯（Sanders, 1988）曾经作为"老顾客"直接到四个纹身美容院，观察那里的日常生活环境。曼德尔（Mandell，1988）为了研究学龄前儿童的社会世界，他到两个日托中心的操场、教室、走廊、浴室和午餐室，参与到儿童当中进行观察。霍基（Hockey，1986）研究英国军队的士兵文化，考察内容涉及刚开始招募和训练的具体情境和场地，步兵大队的日常生活、在北爱尔兰的巡逻，以及离岗之后放荡不羁的社交生活等。德斯勒（Dressler，1987）为了研究南部黑人社区的精神压力和健康状况，制订恰当的介入策略，他参与到社区当中进行观察，从关键的信息提供者（informant, 又译报道者或报告人）那里收集资料，并从被研究的社区中招募助手和顾问。

阐释性理论和理论化

参与观察法旨在提出某些关于人类生活的应用性的理论原理。

基于这个观点，一个理论可以由一套概念和概括来定义。理论在于提供一个视角，一个看待问题的方法，或理解某种现象的阐释（参见Blumer，1969；Agar，1986）。参与观察法能产生阐释性理论所需的概念和概括。这些概念和概括可以用来批判性地考察现存的假设和理论。通过参与观察法获得的概念、概括和阐释有益于做出切合实际的抉择（参见 Chenitz and Swanson，1986；Williams，1986）。

阐释性理论 (interpretative theory) 不同于那种旨在说明、预测和控制人类现象的理论（参见 Douglas et al.，1980；Polkinghorne，1983；Agar，1986）。解释性理论 (explanatory theory，又译说明性理论) 由逻辑相关的命题构成，理想形式中，这些理论包括提供因果说明的规律式的命题。解释性理论的目的在于理论化，强调命题（或假设）的检验，预测概念之间的关系（参见 Wallace，1971；Gibbs，1972；Blalock，1971）。

解释性理论，尤其是以假设检验的形式存在的解释性理论涉及"验证的逻辑 (logic of verification)"（Kaplan，1964）。这种逻辑通过以下途径发生作用：①以一个或一些假设的形式界定所要研究的问题，这些假设来自于一个与之相关的抽象的理论知识体系；②由测量程序来界定假设中的概念（称为操作化）；③最好使用定量的研究方法（借助程度和数量）进行精确的概念测量。实验法和许多形式的调查研究都是用来检验假设及解释性理论的。

阿尔施莱德 (Altheide, 1976) 运用参与观察法对电视新闻进行了研究。他对新闻制作中的偏见和歪曲很感兴趣。在查阅了相关的学术文献之后，他了解到对该问题的几种不同的观点，还获得了解释新闻偏见为何以及如何产生的具体主张（假设）。他认为偏见与新闻工作者如何将电视新闻编辑到一起有关。带着这样的一般看法，但并没有具体的假设（操作化的定义和测量），阿尔施莱德着手描述新闻工作者的职业形象以及他们实际上怎样从事工作。他的成果以质性研究的方式，详细地描述和揭示了新闻工作实际的、组织化的特点，如何扭曲了事实。这项关于新闻偏见的阐释性新理论，为质疑先前观点的精确性（如果没有完全否定这些假设的话）和重新阐释其他理论的观点提供了坚实的经验基础。此项研究导致了一系列的后继研究和对阿尔施莱德关于新闻制作的阐释性理论的修改和完善（参见 Altheide，1985； Altheide and Snow，1979）。

通过运用参与观察法，爱默森（Emerson, 1969）的犯罪研究提出了"最后一招 (last resorts)"的更为一般的概念（Emerson，1981）；萨图尔（Suttle,1968）的贫民窟研究引发了关于社区的理论化（Suttle，1972）；埃尔文（Irwin, 1970）的囚犯研究导致了一种重罪犯类型学以及对当代监狱的理论批评；福克斯（Fox, 1987）的朋克 (punks) 研究产生了一种朋克地位类型学以及反社会亚文化非正式分层的一般概念；而戈夫曼（Goffman, 1961）对医院的研究则创造出极具影响的"整体机构（total institutions）"理论概念（参见 Richard，1986）。

开放的逻辑和研究过程

参与观察研究的开展可以建立在某些抽象观点的基础之上，也可以源自于对研究现场的涉入。无论哪种途径都必须参照实际的研究现场对所研究的问题进行专门的界定或再界定。参与观察法强调"发现的逻辑（logic of discovery）"——一个旨在提出概念、概括和理论的过程（Kaplan，1964）。换言之，这个过程的目的是要在具体的人类现实的基础上建构理论（Glazer and Strauss，1967；Agar，1986）。这要求从确认和界定所研究的问题、概念，到收集和评估证据的合适程序，都是开放灵活的过程。

参与观察法鼓励研究者从具体情境和场景中人类生活的当下经验开始，充分利用一切可能的机会（参见 Whyte，1984）。例如，斯科特（Scott，1968）利用自己多年对赛马的兴趣，对赛马运动开展了参与观察研究。研究者在对参与怀有理论兴趣的同时，还应该对哪些概念很重要、它们是否相关、研究问题是什么等保持开放的态度，并使之能够通过研究者的观察和发现得到进一步的修正和确定。这个研究的过程和逻辑要求研究者界定所研究的问题，并且一直保持开放的态度，以从现场中获得的信息为基础对问题进行重新界定。参与观察法还鼓励研究者就人们在日常生活中的言行，提供详尽的质性描述，并据此界定相关的概念。

例如瓦利斯（Wallis，1977）运用观察法收集有关精神疗法的信息，涉及一系列宽泛的主题，而不是具体假设。韦朋纳（Weppner，1983）在明确界定深入研究的问题之前，参与了一项毒瘾治疗计划。与韦朋纳（Weppner，1983）非常相似，萨德诺（Sudnow，1978）在将即兴演奏的组织作为研究主题之前是从事爵士乐的钢琴演奏和探索的。换言之，萨德诺对于即兴演奏是如何组织和完成的特殊兴趣部分地来自于他的钢琴演奏经历。

深度个案研究

个案研究采取多种形式，其中大多数都与参与观察法无关（参见

Yin，1984），但是参与观察法却总是采取个案研究的形式，它涉及对个案的详尽描述和分析（Becker，1968，pp.232-238）。个案研究强调对于一种现象的整体考察，力求避免将与较大背景相关的一些事物剥离出去。个案研究可能涉及文化、社会、社区、亚文化、组织、群体或各种现象，如信仰、习惯、互动以及人类生活的任何方面。例如，甘斯（Gans,1962）对城市村民所做的个案研究，洛夫兰德（Lofland,1966）对宗教皈依所做的个案研究，以及贝克尔等人（Becker,1961）对医学院学生的亚文化所做的个案研究。

运用参与观察法进行个案研究，力求依据所研究的问题对某一现象做全面、详尽的描述。对于问题的学术定义通常为单独的个案研究提供了逻辑合理性。例如，一种现象十分重要和独特，需要做细致的调查研究，然而该现象是否在某种程度上代表着某些更大的总体，这点无关紧要，也可以留待进一步的研究去解决。比较式个案研究一般要依赖于单独的个案研究。例如埃莉丝（Ellis, 1986）对两个捕鱼社区进行了参与观察研究，使她可以将两个不同的个案进行对照和比较。个案研究的逻辑明显地与调查研究 (survey research) 不同，后者重视在某个总体的较大横截面上收集资料，或者强调在实验中通过控制和比较变量来揭示因果关系。

某些参与观察的研究，涉及单独一个事例的研究结果的代表性或可能产生的偏见等问题，这需要引起进一步的重视（参见 Douglas，1985）。研究者可能有充分的理由注重单独的个案，比如将其视为理论抽样之基础的"典型"（Glazer and Straus，1967）。个案研究中选择观察对象时也会运用非概率抽样（或理论抽样）技术。尽管参与观察的个案研究一般不采用正统的概率抽样，但是这些技术肯定是可以使用的。这样，参与观察法与大多数调查研究不同，也与运用概率选择研究对象的实验法不同。

霍赫希尔德（Hochschild, 1983）对私密的和公开的人类情感（或者简称"情感作用"）很感兴趣。霍赫希尔德从事这一旨在建构理论的探索性研究，部分地因为她从事的是关于情感作用的深度个案研究，运用的是参与观察法，而不是实验法或某种形式的调查研究。

霍赫希尔德在选择研究现象时采用的是理论上的逻辑。开头她使用问卷像渔网一样捕捉人们驾驭情感的各种方式。后来，她以一名飞机乘务员的身份参与观察。采用这一身份她具有理论上的充分理由：情感的作用在服务行业尤其重要，飞机乘务员的声望不高也不低；男性乘务员的存在使得性别比较成为可能。在这一行业的人员（如飞行员、验票员、接待员、招聘员、经理、工会领导和其他服务人员）当中进行访谈调查，可部分地获得有关情感作用的不同观点。选择德尔塔航空公司 (Delta Airlines) 在理论上讲也是合情合理的：与其他公司相比，其工作要求较高，而员工的工资却较低。情感作用在这种放大了的个案中显得更加清晰突出。尽管如此，霍赫希尔德还观察了其他几家公司，作为对德尔塔航空公司研究的补充，检验一些异常的观察结果。

参与者的角色

参与观察法要求研究者作为人们日常生活中的一员直接参与其中，参与者的角色使之能够从局内人或成员的角度接触日常生活的世界。人类意义和互动可以通过感应自省 (sympathetic introspection)（Cooley, [1930]1969）、投入理解 (verstehen)(Weber，1949)、人文系数 (humanistic coefficient)(Znaniecki，1934)，或者移情重构 (sympathetic reconstruction)(Maclver，1942) 来获得。换言之，参与观察法是一种特殊的策略和方法，了解人类世界内在的、从表面上看起来主观的方面（参见 Krieger，1985）。通过参与，研究者能够以局内人的身份观察和体验人们交往的意义。

参与观察的研究者的身份可以是名义上的和边缘上的角色，也可以是土生土长的、局内的或具有成员身份的角色（Junker，1960；Gold，1954，1958，1969）。研究者的参与可以是公开的（让局内人知道），也可以是隐蔽的（不让局内人知道），或者是——最有可能的情况——有选择性地让局内人了解研究者的兴趣和目的（参见 Adler and Adler，1987；Adler，Adler，and Rochford，1986）。参与观察的研究者非常希望在研究过程中能够扮演多重角色，与局内人、环境和现场建立和谐融洽，甚至亲密的关系。

作为参与者，研究人员一旦被当地人所接受，就必须保持与他们的关系（Johnson，1975）。作为观察的参与者与局内人的关系，以及更宏大的人类交往关系的背景，是参与观察法的关键组成部分之一。与研究现场的关系极大地影响研究者收集准确可靠信息的能力。

例如，海雅诺（Hayano,1982）在参与扑克游戏者的观察研究中成为了一名职业的扑克玩家。同样，萨德诺（Sudnow，1978）在研究即兴演奏时就是一名爵士乐钢琴演奏家。应该指出的是，上述两位研究者分别对扑克游戏和钢琴爵士乐感兴趣，是出自个人的原因，而并非出于学术的兴趣。福雷斯特（Forrest,1986）非常巧妙地利用学徒身份作为观察研究者的角色。另一方面，佩什金（Peshkin,1986）在保持研究者的身份进行参与观察的同时，参加基督教原教旨主义的活动。同样，瓦利斯（Wallis,1977）在精神疗法中将参与观察限制在短暂的训练阶段。道格拉斯为了研究裸体沙滩而成为其中的一名裸客，但他也作为业主协会成员参与反对裸体沙滩的活动（Douglas and Rasmussen, with Flanagan，1977）。海雅诺、萨德诺和瓦利斯秘密参与绝大多数的观察，而佩什金的参与角色则是完全公开的。道格拉斯不向业主暴露他的研究兴趣（尤其是他作为裸体沙滩成员进行的参与研究），但是根据不同的情况，他日常生活的身份有时还是让裸体沙滩成员有所了解。

收集信息的方法

直接观察是收集信息的主要方法，但是参与观察者通常也采取其他策略。根据参与所涉及的性质和内容，研究者的直接经验可能是最有价值的信息来源（Cooley,［1930］1969; Znaniecki, 1934, pp. 157-67）。除了其他的信息交流方式（录音、摄影、录像、收音机、电视）和人工制品（艺术品、工具、服装、建筑）之外，文献（如报纸、信件、日记、备忘录）在许多研究现场都是可以获得的。研究者或许能够找到理解研究者的兴趣，善于收集生活事例的信息提供者（Thomas and Znaniecki, 1918-19）。参与观察者都是通过正式的结构访谈和问卷调查以及随意的交谈、深度的非正式和无结构的访谈来收集信息（参见 Fine, 1987; Wallis, 1977）。

参与观察法可以由一名研究者单独采用，也可由多名研究者一起采用团队策略（参见 Lynd and Lynd, 1929; Warner and Lunt, 1941, 1942; Warner and Srole, 1945; Warner, 1959; Vidich and Bensman, 1968; Becker et al., 1961）。团队策略具有特别的优势，例如，除了可以利用研究人员不同的才能或身份（如性别）之外，还可以同时由大家扮演不同的参与角色（参见 Golde 1970; Douglas, 1976; Douglas and Rasmussen, with

Flanagan, 1977; Warren and Rasmussen, 1977）。

尤其重要的是，要将参与观察的研究发现记录下来。参与观察者通常都写日记或日志，记录现场的活动、独特的经历和其他有趣的事情。研究者在现场或紧接观察之后的一段时间内应该保留这些书面记录和录音带。行为活动可以用摄影、录音或有关视听设备记录下来。逐渐地，电脑也被用来记录和保存甚至组织和分析研究资料（参见 Conrad and Reinhartz, 1984）。

霍赫希尔德（Hochschild,1983）在研究情感作用时，使用问卷调查、几种访谈方式和直接观察法来阐述问题。瓦利斯（Wallis,1977）在收集精神疗法的资料时，大量数据来自文献，也有部分来自问卷调查和非正式访谈，还作为一名观察者进行了短暂的参与。法恩（Fine,1987）在"小联盟（Little Leaguers）"中进行参与和观察，并且运用问卷进行调查。阿尔施莱德 (Altheide,1976) 在研究新闻的制作时，运用直接参与法、正式和非正式访谈，收集文献资料和新闻广播，从事自然实验。海雅诺（Hayano,1982）在研究扑克游戏者时主要依靠观察和记忆，完成一段时间的仔细观察之后再作记录。约翰逊（Johnson,1975）运用参与观察法在对福利工作者进行研究的过程中以及其后，用录音机记录了直接观察和非正式访谈的结果。斯普拉德利（Spradley,1970）运用直接观察法、正式和非正式访谈、生活史资料，以及依靠当地的信息提供者，对城市酗酒者进行研究。

小　结

　　参与观察法适用于与人类生活相关的广泛的学术问题，着重关注从局内人的角度理解日常生活中人类的互动及意义，旨在建立作为阐释性理论的实用型理论原理。

参与观察法包括一个灵活而开放的研究逻辑和过程，因此可以在现场经验和观察的基础上对所研究的问题进行不断的修正。

参与观察法一般以个案研究的形式来运用，对某种现象或一系列现象进行深度描述和分析。

参与是一种策略，否则便无法接近人类生活和经验的某些领域，直接观察和体验是收集资料的主要方法和形式，但同时研究者可以运用访谈、查找文献和其他方法收集资料。

参与观察法运用广泛，尤其适合于理解人们对与之互动的日常环境的定义和认识。它不仅特别有助于进行探索性的和描述性的研究，而且参与观察所得出的一般性结论有助于检验现行理论和产生新的理论。

参与观察法完全不同于实证主义研究方法，尤其是实验法和调查法。

与参与观察法不同，实验法要求控制和操纵研究环境，它最适用于检验在可以量化测量的变量中形成因果关系的特定假设和理论。与参与观察法相比，实验法对研究对象是强干扰的，不宜做探索性的研究。

调查研究最适合广泛地收集资料，反映基本的（按人口统计的）总体特征和公共意见（参见 Babbie, 1973; Fowler, 1984）。调查问卷和访谈使研究者能够从相对较小的样本中收集到一系列标准化的数据，其中许多是量化的形式。概率抽样技术使研究者能够将研究结果推论到更大的总体。与实验法相同，调查研究有助于检验理论和提供解释。

练 习

为完成本章练习及本书的后续练习，你必须熟悉有关参与观察法研究的文献，本书后面附有相关书籍及文章的清单。刊登参与观察法研究成果的学术杂志主要有：《管理科学季刊》(*Administrative Science Quarterly*)，《美国人类学家》(*American Anthropologist*)，《美国行为科学家》(*American Behavioral Scientist*)，《美国社会学杂志》(*American Journal of Sociology*)，《当代人类学》（*Current Anthropology*），《质性社会学》(*Qualitative Sociology*)，《社会问题》(*Social Problems*)，《社会学季刊》(*Sociologial Quarterly*)，《符号互动》(*Symbolic Interaction*)。

1. 挑选几个参与观察法研究的例证，专著或学术文章均可。从以下方面考察和讨论这些例子：阐释性理论的形成，人类日常活动和意义的聚焦，深度个案研究的设计，参与者的角色，观察方法的运用，其他收集资料的策略。它们在何种程度上表明了这些参与观察法的基本特征？在何种程度上彼此有所不同？

2. 就参与观察研究、实验研究和调查研究各挑选一篇学术文章或一本专著，区分和讨论这三者在研究方法上的异同，它们如何相似和相异，尤其是在问题的形成、概念化、测量和抽样，以及资料的收集、分析和理论化的方法和过程等方面有何异同？

3. 挑选一个或更多的参与观察法研究的实例，讨论这种研究方法和途径是否适合于所研究的问题、主题或议题。是否可能使用其他的某些方法来研究这些问题，如果是，两类方法的主要区别是什么？

4. 确定一个所要研究的问题。例如，假定你对以下问题感兴趣：儿童的家庭环境和适应学校环境及其表现之间的关系；工厂工人的药品使用问题；为怀孕少女择校的有效性问题；或者像赌博这一类的社会问题。当然，这些问题最好是由你自己提出。讨论怎样运用参与观察法研究这个问题，运用参与观察法研究这个问题的利弊分别是什么？

第 2 章
界定研究问题

本章将讨论问题界定的逻辑和过程，以提纲和例证的形式阐述概念构造和指标具体化的步骤，用参与观察法的术语讨论效度和信度。这里，问题界定的过程主要限定在研究的价值观、政治和伦理等三个方面。

研究的社会文化背景

库恩（Kuhn,1970）关于科学史的经典著作促使人们重视社会文化和历史对科学研究的影响（参见 Knorr-Cetina and Mulkay, 1983）。鉴于研究主题的特殊性，这种影响对于人文科学来说愈显重要。参与观察法作为人文研究所需的一种独特方法（让研究者与日常生活场景中的人们直接接触），要求重新考虑价值观、政治和伦理对于研究的重要影响。在决定运用参与观察法进行研究时，必须考虑这些问题。

价值观和政治

所有的科学都是为了获得客观真实的发现。任何成见、偏见和个人的（或主观的）观点都构成对真理（客观性）的威胁。科学的方法被认为是不受价值观和政治影响的方法。与自然科学不同，人文科学涉及主观的、充满价值判断的现象，因此价值中立显得尤为重要。尽管人文科学从来不曾实现这一理想，但它仍将价值中立作为自己一贯追求的有益目标。

参与观察法同样也追求准确而真实的发现，但是它认为真理是不能通过任何纯粹的理性或者仅仅遵照合适的程序就可获得的，它认为价值中立即便作为一种理想也是不值得追求的（Johnson, 1975; Douglas, 1976; Adler and Adler, 1987）。科学研究总是涉及价值观，而且它往往具有政治性。因此真理永远是个问题，很有必要明确地讨论科学家用以发现"真理"的实际过程和程序，而不作出任何绝对的承诺。

参与观察法（或称科学）应该具有什么样的价值观，这个问题只能在学者们当中研究解决，并且永远不是绝对的。另外，虽然我们在原则上赞同某些价值观，例如自由或正义，但如何正确地在具体个案中加以实际运用，往往还需要作进一步的探讨。在运用参与观察法时，研究者需要考虑，研究人员和其他参与者持有怎样的价值观，这些价值观对真实的发现意味着什么。而且，从问题的概念化到最终的研究报告，所有的研究阶段都必须不断地进行此类思考。

个人主观兴趣或价值观与追求科学的真理之间并没有必然的冲突（参见 Psathas, 1973; Rabinow, 1977; Hunt, 1984; Krieger, 1985）。个人兴趣具有潜在的力量，激发与研究主题一致的热情和智慧，进而产生新的洞见和创造性（Johnson, 1975, 1977）。也许正是这些兴趣使得参与观察者能够数月甚至数年坚持从事这一艰辛的工作。参与观察法不是否定个人的兴趣与价值观，而是要求认识到这些思想与情感对研究工作具有怎样的影响。通过报告个人的兴趣与价值观，可以帮助别人更好地判断你的价值观对于你的研究发现所造成的影响。

费拉罗（Ferraro，1981）对于虐妻问题的研究兴趣来自于她自身的受虐经历。她运用参与观察法，并结合自己的自传来研究受虐妇女和庇护行动，努力干预这一社会问题，展开社会学的探讨。没有迹象表明她的个人兴趣影响了其研究的客观性。恰恰相反，费拉罗的受虐经历使她能够很快地与受虐妇女建立非常令人满意的融洽关系。

参与观察法反对用传统的观念区分主观性和客观性。要获得准确而真实的研究发现，必须进入日常生活的主观现实——即由局内人定义和体验的世界。如果不深入局内人的世界，被视为真理的客观性是无法获得的。对于研究者来说，通向真理的捷径就是亲历所感兴趣的现象——让自己"成为现象 (become the phenomenon)" (Mehan and Wood, 1975; Douglas and Johnson, 1977; Adler and Adler, 1987)。另外不那么直接却非常适当的途径，就是运用直接观察、访谈等手段来收集人们日常生活的资料。

伦　理

关于人类研究的伦理，已有许多的讨论，其中有些直接涉及参与观察法（重点参见 Adler, Adler, and Rochford, 1986; Klockars and O'Connor, 1979; Bulmer, 1982; Cassell and Wax, 1980）。研究的伦理聚焦于人类生活的价值和个人的权利。科学家认为科学研究不应对人们构成身体上的伤害，不同领域里的伦理准则也必须在此基础上制订。除了身体伤害之外，伦理准则一般还禁止侵犯人们的隐私权、信任感和不受剥削的自由。

从事参与观察的研究人员大都赞同上述原则，但在具体的应用中仍有争议。他们提出，不同于实验心理学和实验医学，参与观察研究不是将人作为可操纵的对象。换句话说，和参与观察者进行互动的是能动的人，完全不同于实验研究中的对象或问卷调查中的回答者。参与观察者与日常生活一般情境中的人们进行互动，就像任何其他的参与者一样。参与观察者的研究兴趣尽管各不相同，但和与之互动的人们一样具有共同的特殊兴趣。因此，参与观察者对待研究过程中与之互动的人们，如同在其他日常生活情境中一样，并没有更多（或更少）道德上的义务。尽管研究者就其行动对他人的影响负有责任，但是没有义务告知人们研究的目的，甚至担保不出现可能有害的结果。例如泰勒（Taylor，1987）在观察受虐的智障病人时面临着两难选择，如果报道受虐事实可能会伤及施虐者，并导致研究的夭折，而且很可能对于病人也没有什么好处。

如果要求参与观察者不断地公布他们的研究目的，那么对犯罪与越轨的研究即便可行，也极其困难。什么人、什么利益应该保护？应该保护吸毒者或妓女这类人吗？参与观察者应该保护那些销售非法物资或进行暴力犯罪的罪犯吗？应该保护人们自己的信仰吗（如原教旨主义的宗教或神秘主义）？

　　只有在离开了日常生活的情况下，如在教科书中才比较容易在这些问题上做出决定和选择。参与观察者与伦理关系密切，他们把伦理准则视作在特定情况下加以应用的行动指南。如同对待真理一样，没有一个办法能够确保研究的伦理绝对正确。参与观察者在界定研究问题、进入日常生活情境、参与、互动、发展和他人的关系这一过程中，与对待价值观和政治一样，必须不断地关注研究的伦理问题。

开始进行

　　参与观察法的一个独特优势在于，通过研究现场的观察和体验，明白无误地确定作为研究问题的下一步将要做什么。尽管对所感兴趣的主题和议题已有一个大致的想法，但是参与观察者仍须依赖在研究现场中收集的资料，以决定将要重点研究的问题，借助局内人在日常生活中的言行来界定将要研究的确切题目。参与观察法要求研究者了解局内人所体验、定义，并赋予其意义的生活方式。在参与观察法的运用中，文献回顾尽管重要，但在界定问题的过程中却只占很小的一部分。当问题发生变化和遭到修改时，通常有必要重温相关的文献。

从问题到现场

　　参与观察法开展的基础可以是进入研究现场之前已经确定了的问题。对于将要研究的内容、涉及的主题、有争议的方法等，在进入现场之前你或多或少都有一个大致的想法。研究的问题可能来自于个人兴趣、学术观点（可能与某些抽象的知识和理论体系有关）、其他研究未能揭示的主题，或被人们（如政府官员、政策制订者、改革者或管理者)视作问题的事物。当带着关于这些问题的想法进入研究现场时，重要的是对于研究结果保持最大限度的开放，因为你起初的想法可能是不合适的或完全错误的。

参与观察法对于应用型研究特别适用。例如休斯（Hughes,1977）要为海洛因吸食者制订一套治疗方案。他推断，对吸毒者的日常生活了解得越多，则获得有助于制订有效的治疗方案的信息也越多。于是他成立了一个研究小组，运用参与观察法就这个大致的主题实施调查，进而确定出具体的问题。运用参与观察法收集到的街头吸毒者日常生活的资料，在制订干预社区吸毒者的策略中确实非常有效（Hughes, 1977）。

在诸如评估研究这类应用型研究中，研究者需要在某个总体性问题或议题基础上，发展出更加具体的研究计划，包括确定具体的问题或假设。例如赫伯特（Hebert,1986）负责评估两项语言和文化方面的教育改革方案，总体的研究问题是：一项研究要求评估方案的影响和结果，另一项研究涉及需求评估。赫伯特运用参与观察法商讨具体的研究问题和议题，收集合适的评估资料。该研究表明，在为界定、提炼研究主题与问题，和不同的小组商讨这些议题，以及收集资料等方面提供合适的策略上，参与观察法极具价值。赫伯特还以参与观察法为基础，成功地处理了这些方案以及不同利益群体的政治性问题，同时提供了这些议题所涉及的一般性教育措施。同样，伍兹（Woods, 1985）提出可以运用参与观察法来培训教师，使他们同时以参与者和观察者的身份进行思考，这样可以促进形成一个有助于理解教育的反思过程。

从一个笼统的问题，到通过现场参与界定出更加明确具体的问题的过程中，研究者也许会发现，起初提出的问题并不怎么恰当（在日常生活的现实中根本行不通），或者还有很多重要议题起初并没有考虑到。例如，我（Jorgensen，1979）研究过"特殊的知识诉求"。以一般理论视角（互动论、常人方法学）为指导，我试图找到某些边缘的宗教团体，并通过考察其成员的互动过程，以理解他们所获得的一些特殊的知识和观念（如灵魂沟通、预言、占卜等）的意义。在寻找合适的研究现场的过程中，部分出于实际的原因，我发现必须更多地了解这些人在哪里定居，他们的活动是怎样组织的。虽然完全未经事先筹划，但是在返回最初的问题之前（Jorgensen, 1984），我还是完成了对这些议题的彻底研究（Jorgensen， 1979, 1982, 1983; Jorgensen and Jorgensen, 1982）。

从现场到问题

参与观察法的开展不必按照由界定问题到选择合适研究现场这一程序，人们的学术兴趣和所要研究的问题通常来自日常生活。同样，参与观察者对实地研究现场的选择也至少部分是由于以前的生活经历。例如阿德勒（Adler, 1981）成为一名大学篮球助理教练之后，决定将参与观察法作为对运动量进行研究的一部分。兰波（Rambo, 1987）曾经做过脱衣舞女——当时为了赚取大学的学费，后来她以这段经历为基础，并运用参与观察法进行了正规的研究。海雅诺（Hayano, 1982）在把职业性玩扑克牌作为研究问题之前，就是一个扑克牌玩家。柯塔巴（Kotarba, 1977，1980，1983）多年忍受着背部的疾患并尝试过针灸治疗，后来他利用这段经历写了一篇论文。他的日常生活经历最终使他广泛地运用参与观察法，对慢性病痛和保健工作者进行了深入研究。

以现场为起点，要求研究者留意和分析新的发现，以确定有趣的目标，为进一步的研究做准备。以阿德勒（Adler, 1985）为例，她是一名对越轨问题感兴趣的社会学研究生，但无意专门研究贩毒问题。她偶然发现一位邻居的活动，并正确地判断他从事着贩毒活动（根据以前的直接和间接经验）。她把这位贩毒者的事情告诉了一位教授，该教授鼓励她培育和发展这种新出现的社会关系，为今后的学术研究打下基础。

阿德勒（及其配偶）成为那名贩毒者的朋友，进而认识了他的更多朋友，这些人当中许多也都涉足贩毒。阿德勒逐渐发展与他们的关系，并进一步深入他们的环境，通过直接的个人介入形成了她初期的研究问题。这些问题并非来自事先的假设，而是在对研究场景的参与观察中和与其配偶、教授、学者的讨论中产生的。研究问题的明确化依靠以实地观察和讨论为基础的笔记和记录来完成。例如，她开始发问：哪些人卷入了这一事件？他们涉入贩毒的程度如何？相关活动是怎样组织的？等等。

在寻找这些问题的答案时，阿德勒又提出了一些更大范围的研究问题和议题。这一过程最终极大地扩展了研究兴趣，通常会产生更多此次研究无法回答的问题。因此，必须决定哪些议题应该着手进行，哪些议题应该暂时搁置，哪些议题应该完全放弃，并且懂得由于某些知识的不足可能失去许多其他可行的研究议题。在做出这些选择的时候没有什么绝对的法则。尽管参与观察者在聚焦某些议题而放弃其他议题上，应该具有充分的理论根据，但有时对议题的选择可能是武断的。换言之，你应该有能力面对其他专业人士为自己所选择的研究问题进行有力的辩护。

不断发展的界定过程

界定什么可以作为参与观察者研究的问题，是一个开放的、不断发展的过程，在这个过程中，所要研究的问题得以确认、澄清、商定、提炼和详细说明。研究的初期应该注重进入合适的现场，观察收集资料，甚至分析研究结果。对研究的问题保持开放的态度，并不意味着可以对问题的界定敷衍了事。对于将要研究的现象应该有一个基本的想法，对可能出现的结果至少有一个大致的估计。对研究的问题保持开放态度，会产生更多的困难和责任，倘若只把问题当作假设来陈述，则不会如此麻烦。

问题陈述既要相当宽泛，以便容纳中心议题和有关内容，又要足够集中以便指导资料的收集。必须谨慎地做到有效地聚焦问题和界定问题，以便在经费、时间和其他资源有限的条件下实施调查。同时注意了解问题本身的性质，比如合适的研究现场的可接近性。把最初的问题陈述当作将要处理的问题加以系统阐述，会非常有益。

真正的危险是，当沉浸在研究现场之中，被那里发生的事情所深深吸引时，你就会发现越来越难回到原来感兴趣的问题上来，并产生富有成效的观点。在这种情况下，你会迷失研究目标而消耗大量宝贵的精力，最终导致产生挫败感、迷茫困惑、丧失兴趣，有时甚至会使得重要的研究半途而废。

经过一段合理的短期观察之后，应该重新评估研究问题：它们会引发出相关的观察内容吗？它们与局内人的看法相关吗？在观察中出现了另外的问题吗？如果不能明确肯定地回答这些问题，那么极有可能需要重新系统阐述所研究的问题。另一方面，如果最初的问题产生了积极的结果，甚至超出了预期，那表明研究正朝着富有成效的方向上发展，而各种各样的可能性将会被揭示出来。

正确、系统地阐述研究问题会产生大量丰富的资料，从而使人感到要研究全部具有潜在兴趣的问题简直是不可能的。在研究的最初阶段，根据意外的发现完全改变研究的方向和重点，同时又没有造成时间和精力上的很大浪费是可能的。更可能的是，随着研究的继续进行，这样的基本过程会重复出现很多次。事实上，有时候界定研究问题的过程已产生出了可辨别的终结点（很大程度上已实现了研究的主要目标），却往往没有明确的标志指示研究工作的结束。甚至，你开始认为研究可能会无止境地进行下去。如果出现了这样的情况，你必须相对武断地结束参与观察的现场工作。质疑自己做得是否过度有助于你做出此项决定。简言之，为参与观察法界定研究问题是一个复杂的过程，在这个过程中，一边是进行现场参与和收集资料，一边是提炼和详述所要研究的议题。

构造概念和确定指标

当研究问题变得更加集中时，就应该为进一步的研究构造关键概念（key concepts），并指明如何将这些概念指标化。参与观察法的资料大都采取详尽的"质性（quatitative）"定义和描述的形式。基本概念通过现象学的方式来定义，即定义依据的是特定情境下，这些看法和行为对人们来说意味着什么。关键概念的指标同样涉及在实地研究的现场寻求关键概念和特定看法之间的意义、相关和联系（Bruyn，1966）。在以局内人的视角为基础形成概念时，参与观察者为某个看法的意义寻求多个指标，包括这个看法的运用方式（Glazer and Strauss，1967）。

参与观察者极少用操作化的方法界定概念，鲜用量化的方法测量概念，不太用统计的方法分析资料。操作化的定义对研究中的发现会形成事先的构想，因而会模糊局内人的意义，并导致很深的误解（Glazer and Strauss, 1967）。量化会扭曲日常生活的真实性（除非局内人是用量化的方式看待意义的）。只有当研究者对局内人的世界了如指掌时，参与观察法才可以使用操作化的定义和定量的测量，或者将这些仅仅作为研究策略的补充。

参与观察法研究的主要目的是用局内人的观点定义关键概念。人类学家已经研究出了识别民间概念意义的规范做法，至少部分地掌握了这样一些语言表达的意义，其中，日常生活的经验通过一种有意义的方式与他人进行象征性协调和交流而展示出来。描述一种文化、亚文化或生活方式的第一个步骤，就是列出该文化成员常用的关键词。其次，通过要求成员描述如何使用这些词语，或者直接观察这些符号的运用，从而对它们进行具体分析。这通常会引起进一步的观察，或者探询在此语言领域里的相关事物，并记录与所考察的符号或词语相似和不同的事物。

举个例子。斯普拉德利（Spradley, 1970）对城市流浪者的世界（或亚文化）感兴趣。局外人给他们贴上社会弃儿、酒鬼、流浪汉等标签。对医疗保健工作者来说，他们就是嗜酒成性的人；从法律的角度看，他们是醉汉和流浪者；对社会科学家来说，他们是无家可归的人。然而，这些人自身却使用"游民（tramp）"这个词来描述自己，并强调了他们之间极其重要的区别。例如，"游民"这个词，可以指睡铺盖卷的流动工、露宿的流浪者、睡橡胶轮胎的流浪者、住收容所的流浪者。此外，还有打短工的游民，他们当中有职业潜水工、建筑工、船工、矿工、果农等。

斯普拉德利从这些人自己使用的标签入手识别和描述他们，着重以局内人的视角看待他们的生活方式。实地观察还会产生相关的概念。

除了社会身份的观念之外，斯普拉德利还观察他们的日常活动，尤其是触及法律的活动。他注重城市流浪者如何与警察打交道，最后锒铛入狱的过程，局内人称之为"造桶 (making the bucket)"。这种生活方式涉及与服劳役有关的复杂意义。斯普拉德利就城市流浪者的生活方式询问了一系列非正式的和基本的问题。通过运用参与观察法，这些问题得到进一步的界定和提炼，从而发展出一些更为具体的后续问题。因此，他能够识别作为这种生活方式一部分的特定概念和过程。然后，进一步的观察重点在于揭示这些概念在局内人眼里的意义，了解这些概念与游民日常生活和文化之间的关系。

效度和信度

概念的构造产生了效度 (validity) 和信度 (reliability) 的问题 (Becker, 1969; Glazer and Strauss, 1967; Wiseman, 1970; Douglas, 1976; Kirk and Miller, 1986)。对概念做出名义上的定义时（从一个维度或最明显的特点着手），至关重要的是考察和测试在何种程度上该概念反映了日常生活的意义及其应用情况，这一点对参与观察法来说通常不是问题，因为参与观察法恰好致力于依据其在人们日常生活中的意义及运用来界定概念。换言之，参与观察法可以形成高度有效的概念。

参与观察法中与概念的效度相关的问题，涉及研究者是否能够直接进入局内人的意义和行为世界（ Adler and Adler, 1987 ）。另外，参与观察法要求研究者收集与关键概念有关的多重指标（或证据形式）。描述一些基本概念在意义上的冲突和不一致，或者记录它们在局内人当中的区别，这一点非常重要。在观察现场与当地人的互动中，对概念的实际运用为概念的效度提供了非常有力的检测。概念的成功运用，有力地表明你对概念的描述是准确的，但是如果当地人反对你的用法，则表明你的描述是不准确的（ Altheide，1976 ）。

参与观察法的信度时常遭到质疑。按照传统的定义，信度是指某个程序（尤其是测量），在何种程度上经过重复应用能够产生一致的结果。任何程序或方法如果缺乏一致的结果，其科学价值就会遭到强烈的质疑。像参与观察法这样强调概念的效度的方法，通常预期会相应地降低信度。当程序单一、固定、高度标准化，大都表现为量化的测量形式时，就很有可能获得一致的结果。显然，这样往往会在一定程度上牺牲概念的效度，尤其当遇到的是那些复杂的难以用标准手段进行准确测量的概念时。

　　从原则上讲，参与观察法中运用的程序可望获得一致性的研究结果。然而这些方法倾向于仅仅只适合于特定的场景和问题。结果，在实践中它尤其难以通过传统的重复运用的技术（如测量程序的信度检验）来建立信度。由于参与观察法很少使用精确测量，因此传统的信度观念也就特别不合适于它。

　　然而，参与观察法又与获得"可靠的""值得信赖的"研究结果高度相关。从这个角度看，信度与效度又是紧密联系的。参与观察法中的效度和信度，可以通过下述方法进行检验（Wiseman, 1970）：

・如前所述，参与者极少依靠单一形式的证据，概念的构造和检验是通过多重程序和多种证据形式，如直接经验和观察、不同形式的访谈、不同的信息提供者、人工制品及文献等。

・至关重要的是，考察研究者的程序是否以及在何种程度上提供了直接涉入局内人世界的途径，涉入的有限通常会使得研究结果不那么有效和可靠。

・较之其他的科学方法，参与观察法更多地要求研究者充分描述和讨论用以收集资料的程序。因此，研究者必须向读者详细阐明所运用的这些程序与研究结果之间的关系，包括这些程序的优点及局限性。

- 对研究程序清晰详尽的探讨使之能够更好地接受公众的考察和检验。换言之，研究程序将从每一位阅读最后报告的人士的经验和判断中，接受质疑和检验。

- 如前所述，重要的概念是在日常生活的实际应用中得到检验的。难以想象还有什么比日常生活的检验更加严格的方法，可以检验一个概念的准确性或可靠性。

- 尽管在实践中存在一定困难，但是原则上仍然有理由相信，参与观察法可以在独立的重复研究中得到检验。

简言之，效度和信度有着密切的联系，这是参与观察法所拥有的与众不同的特性。不像有些研究方法强调名义上的定义和测量，参与观察法注重实际的定义和关键概念的多重指标。参与观察法关注独立而可靠的研究结果，并为检验其结果的效度和信度提供了许多策略。

小 结

参与观察法的特点是，在界定所研究问题时，参照人们的日常生活，运用灵活、开放的策略。你可以从一个笼统的问题开头，继而通过在合适的研究现场运用参与观察法作进一步的界定。也可以从一个人类的活动场所开始，运用参与观察法发现所要研究的问题。在这两种情况下，研究问题都是以设问的形式陈述出来，并通过进一步收集资料加以说明、提炼、详述和聚焦。概念来自于人们日常生活中对其意义的使用，换言之，概念是通过现象学的方法来定义的。即时生成的概念反映具体情境中人们的言行。参与观察法能够产生极为有效的概念。因为它基本上不使用测量法，其信度——按照传统的定义——不是它关心的议题。然而，参与观察法与信度是有关系的，它能产生可靠的、值得信赖的研究结果。

参与观察法认识到，科学是在具有价值评判和极强的政治性的人类交往中出现的。和所有的科学一样，参与观察法旨在获得准确而真实的研究结果。与其他方法不同，它反对下面这种观点：科学家可以或应该做到价值无涉，或者在对现象的研究中不带个人的主观性。通过不断强化认识人类生活的个人兴趣和职业兴趣，以及使获得真实信息的实用程序不断清晰和明确化，参与观察者直接而公开地面对研究成果的真实性这一问题。同样，参与观察法一直强调尊重研究对象的权利，关注研究结果对他们及其生活方式所产生的影响。换言之，研究的伦理是参与观察者时刻都应重视的。

练 习

1. 简要确定并陈述一个可能采用参与观察法研究的问题。指明问题的来源，或说明你是怎样获得该问题的。该问题如何受到下述因素的影响：①个人或自身经历的因素；②现存理论或研究；③社会问题；④其他可能的因素。讨论你的兴趣怎样限制和促进参与观察的研究。该研究会产生怎样的伦理问题？你将如何对待这些伦理问题？

2. 选择两项研究，一项可作为实例说明参与观察法如何界定问题，另一项则示范对研究假设进行检验。对照和比较这两种方法在形成问题、概念化和测量上的异同。这些方法为何以及怎样适合所研究的问题？

3. 确定将要运用参与观察法澄清、详述和进一步界定的某个主题，讨论说明你将运用哪些方法进一步明确和界定问题，以使其成为更加具体的研究问题。运用这些方法可能会遇到什么困难？你将怎样对待这些困难？

4. 从文献中选取几个参与观察研究的例子。这些研究以何种方法提出效度和信度的问题？这些问题是如何处理的？讨论怎样对待效度和信度问题才算合适，为什么？

第 3 章
进入研究现场

本章讨论和阐述参与观察现场的进入问题，描述日常生活环境的特征（包括政治性），探讨并举例说明选择和进入研究现场的策略，概述在研究现场中进行选择性及理解性观察的步骤。

选择现场

现场 (setting) 的选择与研究的问题有关。在参照研究现场对问题进行界定和详述的过程中，要有计划、有步骤地使问题与现场之间的关系趋于平衡。尽管存在不同的研究问题，但是研究者都要不引人注意地深入到日常生活中去。由于现场不易改变，因此仔细选择一个特定的研究现场，有着至关重要的意义。

在从一般性的问题发展到选择合适的研究现场的过程中，应该认真评估选择现场的方法，因为现场对所要研究的问题具有限制或促进作用。常识通常是做出这些决定的坚实基础。例如，要研究基督教教育、吸毒、少女怀孕等问题，合适的现场显然是很有限的。对于研究现场了解得越多，就越容易判断调查你所感兴趣的问题是否可能。部分地出于这个原因，参与观察者一般都非正式地考察好几个不同的现场，看其是否适合所研究的问题。我曾经在几个不同的城市对神秘主义现象进行参与观察，然后才选定了一个研究现场。在选定研究现场之前，佩什金（Peshkin，1986）观察过几所基督教原教旨主义学校并被拒绝入内。

如前所述，进入现场的决定有时根据研究机会和便利条件来做出。确实，研究者在正式进入现场进行研究之前，可能已经成为了一名参与者。例如穆尔斯泰德 (Molstad,1986) 在将单调乏味的工作作为其学术研究主题之前，就在啤酒灌装厂工作了相当长一段时间。在做出选择时，你必须考虑现场会怎样限制和促进你的调查研究。当然，这种判断会使你直接进入界定研究问题的过程。然而，那怕现场既便利又有机会，你也还是可能认定它不够有趣或不适合做研究。

另外，参与观察现场的选择，要依下列条件而定：①是否能够进入现场；②参与者有可能充当的角色范围；③该角色能否较深入地接触所要研究的现象。另外，对于研究现场了解得越多，就越可能做出明智的选择。这些决定最终还是取决于研究者在具体情境下的行动，例如只有在付诸行动之后，你才知道能否真正进入研究现场。

考虑到自己的兴趣和能力也很重要。在选定的现场你有足够的时间收集所需资料，进行富有成效的参与和观察吗？或许，你会觉得现场枯燥乏味，令人生厌。你可能不愿意或者不能够扮演合适的参与角色。进入现场，参与其中，与局内人建立并维持关系，这些事情可能会超出你的能力和可利用资源的合理范围。

例如，我在为研究神秘的知识诉求而挑选现场时，曾计划寻找一个特殊群体——众所周知，社会学家就是研究群体的。我发现，大多数的群体要参与其中都不太令人愉快。作为一名科学工作者，尽管一些信念和工作实践令人振奋，但是若要严肃地去履行，特别是与某些群体的成员进行持久的亲密交往，还是非常困难的。我开始怀疑是否有可能按计划进行研究。幸运的是，我通过扮演一系列的参与角色（探求者、客户、神秘行当从业者），克服了困难，这些角色使我直接接触神秘的环境——最终成为一名完全参与其中的局内人，而不必和某个特定的神秘群体打交道。尽管开头完全没有计划，可是对实地研究环境的适应实际上促进了对更加广泛的现象（神秘主义者的网络）的细致研究，其范围远远超过了在一个特定群体里所可能进行的研究。

现场的特征

进入研究现场的方法取决于这些人类活动场所的特征。从普通公众的角度来看，实际环境有显性的和隐性的；在局外人看来，环境有开放的也有封闭的。这些人类活动场所的特征也适用于研究现场的具体情境。换言之，有些场所几乎对所有人都是开放的，而另一些场所则是非常封闭的。同样，有些研究现场中的情境几乎对所有人都是显而易见的，而另外一些情境除了少数人之外，大多数人都不易发现。这里所说的研究现场的特征具有程度上的差异，现实中它们也往往以不同的组合形式出现。

从显性到隐性

人类生活一些具体方面的可见性取决于你所处的位置，以及你已有的知识和经验。当公众都能得到关于现场的信息时，它就是显性的。例如，赖特（Wright, 1978）发现，比较容易参与并观察有计划的行动，但是很难参与没有计划的突发的集体行动（如暴乱），即便这些现象是完全公开的。显性的场所通常都登记在电话簿上，如大学、医院、精神病诊所、教堂等。安鲁赫 (Unruh,1983) 指出，老年人的生活通常是隐性的。毒品贩子、吸毒者、妓女、少年犯罪团伙、飙车族、同性恋者、性乱者、神秘主义者等，如果你知道他们的活动地点，也可以是显性的（Ponse，1976; Warren，1974）。

上述相关场所在电话簿上通常无法查询，然而在美国大多数城市却多少有些公开。通过与警察、出租司机或旅馆雇员交谈，你可以得知在哪里能够找到毒品、妓女、同性恋酒吧（Delph,1978；Milner and Milner, 1972 ）。可以从警察和学校工作人员那里得知关于少年犯罪团伙的情况。警察和摩托车商人通常了解一些飙车族俱乐部的情况。通过性用品专营店或与神秘主义相关的书店，可以了解性乱者和神秘主义者的情况。

有些人类活动场所从局外人的角度看几乎完全是隐性的，它们神秘、隐蔽、模糊不清，有关信息甚至被局内人保护起来成了秘密（Bellman，1984）。例如，除了性乱者群体和神秘主义者群体之外，还有飙车族、少年犯罪团伙、毒品贩子等的活动，都小心翼翼地隐藏在公众的视线之外，只有他们最信任的成员才知道。当然，在一个比较受尊重的社会里，也同样存在一些秘密的活动和团体。例如，几乎在每个复杂的组织内部都存在一些小的团体，其活动都向非成员保密。如果没有与这些人类活动场所较为显性的方面事先接触的经验，要找到相关的活动场所是极其困难的。通过取得某位愿意与你交谈的局内人的信任，与之交谈，或许可以获得所需信息。

从开放到封闭

无需多少协商即可进入的研究现场是比较开放的 (open)，需要大量协商方可进入的现场是比较封闭的 (closed)。有些场所对于公开的研究活动几乎是完全封闭的，参与观察者要么放弃研究，要么想办法通过协商隐蔽地进入。判断某个场所对于参与观察是开放还是封闭，只是部分地取决于其显性因素。某些场所不会单单因为其高度的显性，就意味着对参与观察肯定是开放的，如医院、大学、公司和其他复杂的组织。同样，不会因为某个场所对外仅仅是部分地显性，就表明它对参与观察是封闭的。

公园、海滩、街道、体育场等场所的人类活动对任何观察者都是公开的，拥有足够美国文化背景的人都知道去哪里观看。然而，具有高度显性的公共场所中常常有一些较为隐性的活动。公园和海滩可能潜藏着诸如性交等在其他封闭场合下进行的活动。同样，具有开放和公开特征的街道生活，可能隐藏着贩毒、性交易、赌博等非法活动。

戈夫曼（Goffman,1959）将集体生活比作戏剧，把人类活动场所区分为"前台"(frontstage) 和"后台"(backstage)。有些场所几乎完全被视为前台，如公共食堂；而另外一些场所则主要被视为后台，如非公用浴室或家居卧室。然而多数人类活动场所既不是完全看得见的、开放的（前台），也不是完全看不见的、封闭的（后台）。绝大多数人类活动场所既有前台也有后台。

看得见的前台对任何愿意进入的人总是开放的。只要有入场券就可以成为体育运动的观众。假设事先知道时间和地点，几乎每个人都能看到刑事审判。进入这些场所，只需扮演观众的角色就行，而这些角色是大多数人都可以获得的。然而，上述任何场所都有一个几乎向所有人封闭的后台。例如，需要获得特许才能进入运动场的更衣室，也不是每个人都会被邀请进入法官的别室。一家大公司的许多方面几乎都对所有人开放，然而决不是其所有的活动都对作为局外人的参与观察者开放。

政治性

绝大多数的人类活动场所都是与政治有关的（Douglas, 1976; Punch, 1986），也就是说，都涉及人们对于权力的运用。而且，在人类活动场所里，按照人们的社会地位及其所扮演角色的价值，人们被分为三六九等。人类活动场所一般是分层的：依据地位和角色的不同，人们被赋予不同的声望（Wax, 1979）。权力和声望通常是相互关联的：声望较高的人一般都比声望较低的人拥有更大的权力。人类活动场所中的权力通常是冲突和分歧的根源，有时造成派系之间的纷争（Vidich and Bensman, 1968）。

近几年，性别政治及其对实地研究的影响已经引起充分的重视（Golde, 1970; Easterday et al., 1977; Warren and Rasmussen, 1977; Pastner, 1982）。女性在很多情况下都促进了实地研究，尤其是在男性观点支配的社会中提供了与男性不同的视角（Wax, 1979）。在有些情况下，例如研究以男性为主的职业、亚文化或文化等问题，女性参与观察者可能遇到严重的障碍（Hunt，1984；Horowitz，1983）。就现场和情境而言，男性研究者一般不会面临太多的参与观察障碍。然而男性参与观察者必须更加充分地认识到，他们的性别角色对他们在特定现场和情境下的观察结果有限制（也有促进）作用（Warren and Rasmussen，1977）。

如果没有注意到人类活动场所的这些方面并做出恰当的回应，参与观察者就会遇到极大的困难（Whyte，1984）。通常在激烈冲突的情况下，与敌对派系保持友好关系是不可能的（Bromleyand Shupe，1979；Kornblum，1974；Jacobs，1977; Dalton，1959，1964）。同样，与等级悬殊的人保持合作关系也是不太可能的。在一段较长的时期内，在研究现场参与一个派别或阶层的活动势必妨碍参与和它对立的派别或和它不平等的阶层的活动。

例如，公开地参与一个组织的活动，通常需要征得该组织中权威人士（具有很高声望）的同意。尽管下级人员根据上级的要求允许你参与观察，但是你却没法阻止他们对你的在场表示不满，没法阻止他们使用一些手段模糊你的观察。在一家作为研究现场的工厂，工人们可能会以为你是一名管理层派来监视他们活动的间谍。结果你可能不得不做出决定：是放弃观察，还是充当一名工人隐蔽地混入到组织中去。

总之，人类生活具有政治和分层的倾向。这种特性可能影响你进入所感兴趣的现场，还会影响研究的其他方面。参与观察者应该警惕人类活动场所中的政治及分层因素可能产生的后果，在这个基础上随时准备调整进入现场和参与观察的策略。

进入现场的策略

进入人类活动场所有两个基本策略。研究者公开地要求准许观察，这种策略叫做公开式 (overt) 进入。这种直接进入现场的方式很受欢迎，因为它不涉及太多伦理问题，也比其他方式简单，只要得到了许可，就可以有足够的机会接近所感兴趣的现象（Whyte，1984；Hilbert，1980）。但有时候不可能通过协商公开地进入，也没有恰当的机会接近所感兴趣的现象，特别是对于那些向局外人封闭的场所而言就更是如此。这时则需要另外一个基本策略——隐蔽式 (covert) 进入。在这种情况下，研究者扮演某个参与角色，而不向现场中的人们透露正在进行的研究（Douglas，1976）。

选择公开式进入还是隐蔽式进入的策略，是件复杂而微妙的工作。研究者如果选择公开式进入而遭到拒绝，那么也就不太可能采用隐蔽式进入的策略了。因此，进入策略的选择要求研究者了解研究现场的政治特性，具有一定判断能力，预估运用直接进入的方式有多少成功的可能性。隐蔽式观察存在伦理上的争议，并且研究者的调查目的一旦被发现，现场的参与观察就极有可能被迫终止（Bulmer，1982）。很多研究者还发现，在隐匿研究目的的情况下，很难与现场的人们进行互动。

公开式进入

根据现场状况和研究者的资源，存在许多公开进入人类活动场所的方式。最理想的情况是，现场的管理当局和其他人员对研究者都持欢迎的态度（Warner and Lunt，1941，1942；Warner and Srole，1945）。多数情况下，公开进入要争取最高当局的许可，并逐步使他们及现场其他人员相信，研究者是值得信赖的。

在争取得到参与观察许可的过程中，研究者应该向有关当局（董事会、主管等）呈递一份参与观察计划书的复印本。计划书包含研究计划的纲要，基本目的和目标；还应陈列充分的理由，说明允许进行这项研究符合当局的利益；预备如何处理可能导致研究请求遭到拒绝的一些问题，如政治或道德的敏感性，以及对研究结果的顾虑等。

因为有些拒绝的理由难以预料，那么在呈交正式的计划书之前与有关当局就某些问题进行一些非正式的商讨，是极为必要的。最有效的一项策略是，取得当局的信任。与管理人员建立良好的初步关系是非常重要的，他们可能愿意并且有能力成为参与观察现场的有力支持者。显然，现场中支持研究的人越多，尤其是管理当局中的支持者越多，进入研究现场的可能性就越大。

根据现场和研究者的情况，可以利用研究者的声望（作为一名权威人士、科学家等）和研究主题及学科的名气。如果人们看重这些，那么借助研究人员的权威和学科的声望显然是很有可能成功的。有些人士的意见受到管理当局的推崇，有些人士的意见必然左右当局者，这可能纯粹是出于政治上的原因——例如他们对于研究现场具有合法的或经济上的控制权，那么取得这些人士的支持是十分有益的。

如果进入现场的请求一开始就遭到拒绝，研究者还是要尽可能搞清被拒绝的原因。也许只需将计划书略作更改，就能取得同意，尽管你的原始计划可能会面临更多的妥协。参与观察的请求获得许可之后，还有可能被收回。正如后面几章将要探讨的，在要求研究者与现场的人员保持友好关系的全部过程中，进入现场只是一个步骤而已。只有进入现场并且与那里的人员建立起合作关系，参与观察才有可能获得成功。

例如，沃纳（Warner，1959）进入美国北方扬基城时得到了社区领导的支持。重要信息提供者帮助怀特（Whyte，1955）深入街角的活动，帮助安德森（Anderson，1978）进入了杰利的酒吧（Jelly's Bar）。同样，李伯（Leibow，1967）成为泰利角（Tally's corner）的局内人，也是得到了作为发起人的重要信息提供者的支持。

隐蔽式进入

对于有些参与观察者来说，隐蔽式策略是绝对不道德的，因而在任何情况下都是不能接受的（Bulmer，1982）。按照这一观点，隐蔽式参与观察涉及欺骗局内人，因为他们对研究一无所知。除了不诚实之外，隐蔽式策略还违背了被研究者拥有知情权的伦理准则，因为他们在不知情的条件下，无法同意参与研究。因此，隐蔽式策略没有尊重人权。尽管存在这些反对意见，多数参与观察者仍然认为，至少在某些情况下可以使用隐蔽式策略，例如对于越轨或犯罪亚文化的研究。还有一些参与观察者认为，运用隐蔽式策略是获得可靠信息必不可少的手段。这种论调认为，人类世界本身就充满了冲突、谎言和自我欺骗。如果总是要求参与观察者公布他们的研究兴趣，大部分人类生活领域的研究将不可能进行，或者，研究将被极大地限制在某些公共活动领域，而那里人类生活的形象会受到太多有意的操控（Douglas，1976）。

在上一章里提到，与调查研究和实验研究不同，参与观察法没有受到操控的人类"对象"。更确切地说，人类活动的情境在自然的状态下受到观察。此外，人本身就是研究的信息来源，不像其他研究的设计那样，受到操纵或控制。参与观察者要格外尊重现场里被研究者的人格，保护其身份不被公开，作为对他们提供信息的回报，研究者还应经常为他们提供一些服务或支付报酬。还有许多例子表明研究者出于个人兴趣先深入到人类活动的某个情境或场所，然后才决定进行正式的参与观察研究。除非要求这些潜在的研究者警告他们所碰到的每一个人，让他知道自己最终可能会被当作研究的对象，否则，在这样的情况下无意的欺骗恐怕是在所难免的。

即便在运用公开式策略时，也并不是要向每个人都说明研究的兴趣（研究的真实目的），相反，在公开进入研究现场之后，也只有少数几个人知道与研究目的有关的情况。因此，那种不引人注意即可进入现场的研究就可以运用隐蔽式策略。待研究人员与研究现场的人们建立了信任关系之后，再告知研究的目的（Fine，1987）。

研究人员都担心难以进入一些隐蔽的或秘密的环境，如边缘宗教团体、越轨或犯罪团伙等，然而更为困难的却是进入公共的或前台的场地中的后台区域。宗教团体、秘密社团、越轨和犯罪团伙等，只要知道他们的活动地方并且愿意成为参与者，都是可以进入的。当然，进入这些环境要看研究者是否愿意隐蔽地参与和观察。宗教团体、秘密社团和越轨的亚文化在特定的情况下对局外人是开放的，但这并不是说他们允许对其进行研究。

通过在研究现场担任一个角色，有可能进入显性的公共环境，如工厂或公司的后台进行隐蔽的观察。然而基于研究的问题和现场的情况，有时候即便这种选择都可能无法实现。例如，如果所研究的问题涉及公司董事会的会议，只有董事会成员才能出席，而研究者又不是董事会成员，那么进入现场的隐蔽式策略也就无法成功。隐蔽地进入现场受到研究者所能担任的角色的限制。换言之，研究者必须在现场找到一个合适的并且可以有成功扮演的角色。这也许非常简单，就像充当一名刚招募的新手；也许非常复杂，比如为了能伪装进入现场从事观察研究，必须学会担任一个专门性的角色。

例如，克兰迪宁（Clandinin，1985）为了研究教师的课堂形象，以教师助理的身份进入现场。布罗海德（Broadhead，1983）利用职业培训课程中和学生相处的机会，进入他们的私人生活。作为众议院某个团体中的一员，弗洛登堡（Fruedenburg，1986）得以对议会文化进行参与观察研究。

　　进入现场是参与观察法运用中最困难、最麻烦的环节之一，然而它也为研究者的创造性工作提供了很大空间。成功地进入现场取决于研究者的交际能力、创造性和常识决断力。可以拟定一个进入现场的提纲，提示参与观察者必须做什么、不能做什么，需要留意哪些可能出现的问题，如何谨慎对待政治性和伦理性议题，等等。但是，没有任何东西可以代替研究者在现场做出创造性的判断。归根结底，每一个研究现场和情境都是独一无二的，不会与别的现场和情境完全相同。例如，滨端正幸（Masayuki Hamabata，1986）利用他第三代日裔美国人的身份进入了日本文化，学习说日语。在日本，他首先以美国人的身份出现，作为局外人一旦被接受，他便转向更多的日本人身份，结果他被部分地当作了局内人。

理解性及选择性观察

　　选择一个研究现场和界定现场中将要观察的情境，就是决定什么现象值得观察。绝不可能观察现场中你感兴趣的所有情境。便利性、机遇，以及研究者的兴趣和能力都将影响相关选择的做出。另外，这些决定还要得到理论的支持。

　　理论抽样或判断抽样是一种非概率的抽样形式，它主要依赖研究者的能力：研究者根据各种限制，如机会、兴趣、资源，最重要的是所要调查研究的问题等，来决定所要观察的内容。和概率抽样一样，研究者要为选择特定的研究现象建立一套逻辑。什么逻辑合适，由所要研究的问题的性质来决定。不同的问题对于观察对象的选择具有不同的理由。和概率抽样一样，研究者通常能够估计到观察的恰当性和研究现象的代表性。和概率抽样不同的是，研究者无法借助简单的统计公式来实施抽样和估计误差。

如前所述，理论抽样的逻辑或策略必须依赖于所研究的问题和适于观察的现场。所要研究的问题在选择研究现场的过程中得到界定和详述之后，研究者就必须确定研究现场，参与观察者必须制定一套贯穿整个观察过程的策略。因为参与观察一般都始于某个可以接触到的研究现象的事例 (instance)，常用的逻辑是从已知事例推断出将要观察的其他事例。

"滚雪球"抽样 (snowball sampling)，正如其名，特别适于从局外人的角度来看模糊、隐蔽、藏匿，却又是研究者感兴趣的现象。滚雪球抽样的基本含义是，从某个现象的已知事例中获取足够的信息，以便能够确定后继观察事例。正如其名，观察的现象在这个过程中如同滚雪球一般不断地增加。许多关于犯罪和越轨的研究都使用滚雪球的方式获得一系列所要观察的现象。例如米勒（Miller，1986）在对街头妇女（包括骗子、妓女和轻微犯罪者）进行参与观察研究中，就使用了滚雪球抽样技术。

萨德诺（Sudnow，1967）在他关于死亡的社会意义的参与观察研究中，对于以理论为基础选择研究现象的做法进行了充分的阐述。他特别想知道：人们是如何确定一起死亡发生的时间、地点和方式的？可以观察到的死亡场所十分有限，只有医院、事故现场、敬老院等地方。因此，萨德诺有比较充分的理论依据选择医院作为研究现场。

然而，医院之间存在差别，医院中亦有不同的地点可以观察到死亡。部分是出于机遇，萨德诺起初观察了一家公立医院，而后又增加了一家私立医院作为现场。在第二现场的观察使他得以考察私立医院与公立医院的差异，并且可以检讨从公立医院中所获信息是否存在偏见。在医院里，萨德诺最初是在急诊室里观察，那里显然是观察死亡的社会意义的恰当现场。因为死亡也在医院的其他地方发生，所以萨德诺还观察了外科手术室及其他地方的死亡。

和上一章讨论的霍赫希尔德（Hochschild，1983）的抽样策略一样，萨德诺也依靠机会、常识和理论逻辑，来选择观察现场及现场中的观察现象。即便再增加一些观察现场和情境，我们仍然没有理由认为，霍赫希尔德和萨德诺的研究结果就一定会发生很大的改变。如果萨德诺仅仅只研究了公立医院，也不会影响他对死亡定义的描述。在公立医院和私立医院两个现场的观察，对死亡的定义只在程度上而不是在类型上有所改变。在两个现场中，决定和定义死亡的过程根本上是相同的。因此，简言之，参与观察者是根据专业的判断来选择研究的个案以及个案中的观察事例。

小　结

本章阐述了进入研究现场的原则和策略。观察对象的选择取决于所研究的问题，可能的研究现场和情境，可供利用的资源（如时间和资金）、机会、个人兴趣等。人类活动的现场和情境可让公众识别和让局外人接近的程度大不一样，其现场和情境从显性到隐性、从前台到后台、从开放到封闭各有不同。在进入现场时，还必须考虑到大多数现场和情境的政治性。可以在得到参与和观察的许可之后公开地进入，也可以通过担任一个参与角色，未经许可隐蔽地进入。尽管许多现场可以公开地进入，但是还有一些现场只能隐蔽地进入。参与观察一般都涉及不同程度的公开进入和隐蔽进入。参与者的角色究竟意味什么，将是下一章的主题。

练 习

1. 从下列清单中选择一个主题或问题: 少女怀孕、中学生辍学、工作疲劳、组织冲突、福利服务。确定你打算研究的主题或问题的可能的现场。讨论特定的现场怎么样和为什么适合你的研究。进入现场有可能出现哪些困难? 怎样解决?

2. 假定你要研究一个对局外人封闭的现场 (如某种形式的犯罪、越轨、秘密的或个人的行为)。你怎样着手进入这个现场? 你估计会有哪些政治性或伦理性的困难?

3. 设想你受雇研究中学生吸毒的问题 (或者你自己构想一个问题)。讨论你将怎样运用公开式和隐蔽式策略进入研究现场，对照和比较这些方法，你倾向于使用哪种方法? 为什么?

4. 从这些练习的例子中，挑选一个研究现场 (或者你自己提供一个现场)。讨论在现场中选择观察现象时会牵涉到什么，或者说，你将怎样着手选择观察现象? 对你的逻辑作具体说明和辩护。

第 4 章
参与日常生活

本章讨论参与日常生活环境的原则
和策略，提出了一种观点，即研究者观
察现象时所处的位置，对其观察的内容
有限制或促进作用。本章还描述和阐明
了参与人类活动场所的不同形式和观点。

位置和视角

　　研究者观察的位置决定了所看到的内容。从远距离看到的现象与从近距离所看到的是大不相同的，从不同角度去看——侧面、后面、顶端或底部——也不尽相同。你的经验，以你的所见、所闻、所尝、所嗅等为基础，极大地影响着你所能够观察到的一切。你从不同角度、不同来源获得的信息越多，产生误解的可能性就越小。

　　所有的观察都受个人所处位置的影响。对人类研究来说，研究者的社会位置也是至关重要的。对人的社会定义是由其与他人的关系及联系来决定的，一个身为黑人、中产者、穆斯林、大学教授、杰出商人的配偶、几个孩子的母亲的人，其社会位置就根本不同于一个单身、白人、天主教徒、男性、有过犯罪前科，并且新近失业的工厂工人。研究者的社会位置决定了观察的内容、观察的特征以及观察的机会。有些行为在局外人看来毫无意义，可是从局内人的角度看却事关重大。

　　每个物理位置和社会位置都为研究某个现象提供了一个特定的角度，绝对没有完美的或理想的位置或视角。一个参与观察者的视角是否恰当和充分，取决于所研究的问题。每一种视角都存在固有的局限性，甚至偏见。没有什么可以保证杜绝由于视野局限或经验不足而导致不准确的研究结果，但是参与观察者能够对其角色的局限性和优越性保持敏感。参与观察者应该探求不同的角度和观点，不断地获取信息和证据，批判地审查新近的发现。

　　例如，约翰逊讲述了一桩关于一个被接收入院的婴儿的故事。医院工作人员都认为这是个受虐待的例子，从他们的经验来看，所有迹象都表明这是个受虐婴儿：孩子的生理情况，父母双方的缺场，还有其他一些线索。但是，孩子的母亲不久就赶到医院，她的讲述引出了完全不同的观点。该母亲是一名职业护士，孩子患了常见疾病，由于对抗生素治疗产生反应而加重病情。接下来是一连串的痛苦经历：内科主治医生试图弄清孩子产生反应的原因并制订了治疗方案，而母亲认为那种治疗方案是不合适的，最终不顾医生的反对，将孩子辗转送到了大都市的医院。

母亲开头的没有到场，曾被认为是对孩子的忽视，但事实上她是为了安排照顾其他几个孩子，因而先将生病婴儿紧急空运，然后自己长途跋涉，这才导致了开头的缺席。她说，孩子的父亲也将马上到达医院。在大都市的医院，诊断结果为：抗生素确实对孩子产生副作用，目前的治疗已经使她逐渐好转。听完这位母亲的讲述，医院工作人员纠正了原来认为孩子受虐的看法，最后的结论是：那些引起误解的病症，是由于先前的医疗过失而造成的。

上述事例重点不在于说明一个"正确"的解释是如何产生的，已有的证据通常使得我们难以在相互冲突的观点之间做出明智选择。医院工作人员运用最初获得的证据及其以前的经验，从他们的社会位置得出了合理的结论。当然，母亲基于不同的社会位置，以及她拥有医院工作人员无法得到的信息，而持有非常不同的观点。虽然约翰逊没有关于乡下内科医生的直接证据，但是间接的证据表明，这位医生持有完全不同的看法。还有可能存在其他的观点：因为孩子不到一岁，不可能了解她的想法和感情；约翰逊既没有提供孩子的兄弟姐妹对于这件事的任何看法和感想，也没有指出医院工作人员的看法相互之间至少可能有些细微的差别（尤其是在内科医生当中）。作为一名社会科学家，约翰逊将该事件当作一个例子，它反映了人们定义那些往往是模糊不清的生活情境的过程。而将事情从特定背景中抽象出来审视，恰恰说明了观察者的社会位置影响其所持观点，这则是我从该事件中总结出的另一个观点。

总之，不同的社会位置为学术研究提供了不同的视角。与上述例子不同，通常很难或者不可能清楚地毫不含糊地决定，到底哪种具体的观点是"正确"的。换言之，参与观察旨在收集可能的最佳证据，并且懂得没有什么"完美"的证据，也不能获得人们运用于日常生活的详尽无遗的意义。

参与观察的形象

参与者的角色可以是"完全的局外人"，也可以是"完全的局内人"，或者成为这两个极端角色之间程度不同的局外人或局内人。参与者扮演的角色表明了研究者的社会位置及其感兴趣的现象。你可以或多或少地置身于研究现象之外或之内。研究者的参与角色决定了他能够看到、听到、摸到、尝到、闻到和感受到的一切。

与上述观点相应，有人定义了四种参与角色（Junker，1960；Gold，1958，1969）：完全的观察者，参与的观察者（观察多于参与），观察的参与者（参与多于观察），完全的参与者。结果，参与和观察被看作两种相互竞争甚至相互冲突的东西：参与得越多，观察得越少，反之亦然。这种参与观察的观点不鼓励完全参与，因为主观的介入被看作是对客观性的威胁（Gold，1958，1969）。

观察和参与之间假定的竞争和冲突被过分地夸大了（Johnson，1975；Douglas，1976；Adler and Adler，1987）。在日常生活中，我们往往同时扮演多重角色。也许在某些情况下，难以同时兼顾参与和观察。然而，熟练而敏锐的研究者能够在深入全面地参与的同时，体验和观察周围的世界。因此，通常的经验与下述观点并不一致：参与得愈深入，你进行有效而准确的观察的能力就愈低下。

研究者直接地、身体力行地、实实在在地与日常生活中的人们接触，就更有可能获得准确的（客观而真实的）研究结果。如果研究者由于视野狭窄，没能理解人们赋予自身的生活的意义，那么客观性将大打折扣。如果研究者在物理上和社会上避开或远离研究对象，误解和不准确的观察发生的可能性就会增大。参与减少了不准确的观察的可能性，因为研究者通过主观的介入，从多重视角直接了解到人们的思想、行为和情感。例如，霍尔（Hall，1976）引证了许多案例，说明从个人极为有限的文化视角去观察其他文化，造成了许多重大误解。例如，要理解其他文化对于时间的不同态度，必须熟悉他们关于时间的观念。

局外人角色

进入人类生活环境，通常提供了对一些事物直接的物理接触的机会，而这些事物如果完全从局外人的角度去观察的话，将会是模糊不清的。作为一个局外人出现在现场，参与观察者获得了相对有利的位置，但是在多数情况下，观察者对于现场发生的事情并不熟悉。最初的无知虽带来局限，但却可以在研究开始时作为一种策略优势。作为一名局外人，你可以综观现场，记录主要的和显著的特征、关系、模式、过程和事件。这一点极其重要，因为局内人并没有从这个角度看待他们的世界，并且一旦你熟悉了现场，起初的新鲜感和陌生感就会随之消失。例如，多拉德（Dollard，1937）在一个南方小镇体验种族关系时，曾经惋惜未能很好利用当初的陌生感作为一种研究策略的优势。

一种常见的角色是作为研究者（局外人）被允许在现场公开参与。考虑到"研究者"几乎不是一个自然角色，这种参与形式是强加给环境的某种必要的侵扰。然而，它却提供了接近感兴趣现象的机会，并且拥有相当的自由以专注于所要进行的研究。另外，公开参与是一个容易扮演好的角色，无须调整研究人员的自我概念，也不会引起道德上的问题。作为局外人的参与对于许多学术问题都是十分合适的。

例如，年轻的人类学家维斯佩莉（Vesperi，1985）对那些生活在贫困当中、依靠社会服务的"高龄老人（old old）"颇感兴趣。由于维斯佩莉在 Tampa Bay 的大学校区工作，她认为作为一座老年人比例很高的城市，佛罗里达的圣·皮兹伯格是开展研究的一个方便地点。鉴于自身的年龄，她不可能成为完全的局内人。部分是为了获得更好的观察位置，她迁居到了圣·皮兹伯格，作为一名关心和同情老年人生活的人士，通过访谈以及信息提供者来收集资料。在和人们的交往过程中，维斯佩莉扮演了不同的角色：普通市民，潜在的朋友，人类学研究者。有时她作为研究者公开参与，而其他的时候她的研究者角色是隐匿的。坐在公园的条凳上进行观察并与人们交谈，在其他公共场所与人们打交道，或者沿街漫步，所有这些除非被问及，否则没有必要告知他人你的研究兴趣（另请参见 Cottle，1977）。和许多参与观察者一样，维斯佩莉扮演了许多不同的角色，多数是作为局外人和研究者，混迹于老年人之中，对他们的日常生活策略性地开展研究。

伯杰（Berger，1981）在北佛罗里达对乡村群居社区的研究，是进一步说明以研究者和局外人身份进行参与观察的例证。虽然他是以一名局外人的身份参与研究，但是社区成员却接受了他，甚至依赖他的专业知识。这些人的价值观倡导极大地宽容他人，包括研究者。这样，伯杰在作为研究者公开参与时，能够与局内人建立起格外融洽的关系。

佩什金（Peshkin，1986）也是以局外人和研究者的身份，参与研究基督教原教旨主义学校的教育。和伯杰一样，佩什金也没有成为局内人，但是他却和学校的管理人员建立了相当融洽的关系。因为原教旨主义信仰的特性，佩什金所建立的融洽关系的水平是非常难得的。虽然局外人和研究者的身份，使佩什金得以了解某些局内人的意义世界和行为（尤其是管理人员的），但是却限制了他进一步了解教师和学生的亚世界。然而他的两名助手在对学生进行极为公开坦诚的访谈中，成功地获取了学生的观点。

作为局外人的参与会造成一定的政治性问题。人们倾向于根据他们事先对于"研究者"的构想来对你做出反应。例如，佩什金（Peshkin，1986）在了解教师的观点时，曾经明显地遇到过困难，大部分是政治方面的原因。这种情形部分是由于任何局外人的出现都会构成很大的侵扰。人们把你当作外来人来打交道，而在较为正常的情境下，你并不是他们环境中的一部分。这会导致怀疑、蔑视、敌意、冷漠、好奇、友善甚至敬重，而这些不同的反应，取决于现场的状况以及你的出现是否具有正当性。

为了准确地描绘日常生活，作为局外人的研究者应该以一种常态化的方式出现在现场。时间通常是最有帮助的：你在现场的时间越长（或者出现次数越多），人们就越认为你没有威胁，或者把你的存在看作是理所当然的。与局内人随意地而不是强迫性地交往，也会使他们感到轻松自在，尤其是你要能够参加他们的闲聊，要经常使他们相信你对他们不构成任何威胁。

从局外人到局内人的角色

作为研究者的参与尽管将观察者置于人类行动的边缘地带，但是他却可能与局内人有所接触。人们总是具有某种与你打交道的倾向，哪怕这只是为了使你感到自在而做出的象征性努力，又或者只是想显示出他们自身的优越性。他们有可能要求你提供专业知识，不管你是否觉得自己合格，或者要求你以某种方式为他们提供其他方面的帮助。与人们打交道表明，在某种程度上他们正在把你作为现场的一部分而接受你。对现场的参与则表明你能够越来越多地观察人们在正常情况下的言行，甚至可以看到没有局外人在场时的情况。

例如约翰逊和几位同事为了观察家庭里的争端和暴力，和警察一起出勤。不久警察就把他们当作处理这类问题的专家，有时候一些夫妻和家庭也把他们当作这样的角色来接受。这样一来，人们就期望他们来帮助仲裁家庭的争执和暴力，引证法律条款，规劝家庭成员，推荐合适的社区机构，等等。这表明警察正在接受研究人员，认为他们的存在是自然而然的，对警务工作有所裨益。但是这并不意味着，研究人员以局内人的身份——警察的同事或家庭的成员——得到接受和信任。

伯杰在社区进行参与观察时，多次被人们要求提供哲学、社会学、家庭关系和孩子抚养等方面的专家建议，他还被要求做一些日常事务，如开车载人或运货，参加团体活动等。他（Berger，1981，pp. 215-217）甚至为群体中的一名避难者提供住宿，帮他摆脱了美国联邦调查局的追查，成功地逃到了加拿大。伯杰明显地被局内人所接受并得到了信任，尽管没有具体标志显示社区的人们将他当作他们中间的一员。

从局外人角度收集的信息虽极具价值，但是仍然有一些人类生活的重要方面，只有从内部才能了解。局外人的角色最有可能发挥作用的情况是，研究现场相当公开，任何人都可以进入，只要愿意消磨大量时间观察其间发生的事情就会有所收获。安德森（Anderson，1978）最初就是通过消磨时间的方式观察杰利酒吧的。科特尔（Cottle，1977）则通过参加人们的公开交谈来了解他们的私生活。

对于有些研究问题也许不必要扮演那么多角色。并不是所有的观察者都能够很好地充当局内人的角色，或者更深地进入研究现场的。例如，哈肯和亚当斯（Haaken and Adams ,1983）真实地描述了他们对自助产业的参与观察，但是他们对现场的涉入并不太深。在扮演参与者时，他们与生命源泉训练（lifespring training）保持着个人的和职业的距离。阿尔施莱德和约翰逊（Johnson，1977）在参与观察一个福音派教会的改革运动时，只是假装感兴趣。

从根本上讲，没有完美的参与策略。然而，对于大多数的人类活动场所来说，除非你愿意成为其中一名成员，否则不可能了解局内人的意义世界和行动。大多数人类生活的深层意义局外人是不知道的，只有那些以此构建生活方式的人才能领略这些意义。

局内人角色

以局内人的身份从事参与观察，要求研究者从现场中本来存在的角色中进行挑选。局外观察者的角色是由研究者确定并强加给现场的。与此不同，局内人角色则是由现场提供的。例如道格拉斯、拉斯穆森、弗兰拉甘（Douglas, Rasmussen, and Flanagan, 1977）在研究裸体沙滩时，脱下衣服成为了沙滩裸客。汉弗莱斯 (Humphreys，1970）通过充当望风者的角色，观察公共厕所里的同性恋行为。阿德勒（Adler，1981）通过担任篮球教练助理，观察运动量（momentum）情况。我（Jorgensen，1979，1984）曾假扮塔罗牌算命师以研究神秘的占卜行为。扮演研究现场提供的角色可以获得独特的优势，能够全面地参与人类正常的互动，而又不产生什么干扰。

参与观察者可以在整个研究过程中担任许多不同的角色。在研究神秘主义者的时候，我（Jorgensen，1979）开始扮演了一个容易获得的"探求者"角色，局内人认为我是寻找精神上启蒙的人。我甚至没有认识到，这个定义在我身上使用了相当长的一段时间。探求者这个角色为我提供了非常有趣的身份：我可以隐蔽地扮演这个角色；我被看作现场中自然的一部分；我可以通过这个角色进行自然地观察，无止境地提问，而不会引起别人的怀疑，但是我主要还是一个局外人。

在追寻了一段时期神秘的智慧之后，探求者的角色不足以为我的继续存在提供有效的解释，于是，我逐渐转变角色，成为现场成员眼中的神秘行当从业者的"客户"。这个角色定义要求我进行更主动积极的参与。作为客户，我站在了局内人意义世界的门槛上。和探求者不同，我被允许接触为大众所少见的意义和情感。我在场的时候，局内人显得比以前更自在；我可以着手与他们建立起信任关系；我逐渐开始接触现场中的一些特定的人员、群体、信仰、习惯，甚至政治。我虽然还不是一名局内人，但我获得了比局外人更能接近局内人的身份。

扮演多重角色拥有独特的优势，能够获得不同的视角和观点，研究者可以更全面更准确地理解观察到的事物，与不同的人建立关系。这些关系主要是建立在相互关联的利益之上，为进一步的参与观察拓展研究现场。

在扮演现场提供的角色时，如戈德（Gold，1958，1969）指出的，你会遇到处理自我概念的问题。根据角色专业化的程度要求，以及与他人互动的期待状况等因素，有些角色易于扮演，有些角色则很难扮演。有些研究者发现，扮演研究现场指定的角色比较容易并且有趣。只要角色的专业知识在研究者的能力范围以内，并且与研究者的其他角色和自我概念没有冲突，那么角色的扮演即便不一定有趣，也不大可能出现什么问题。但是扮演的角色如果与你的其他角色及你的自我概念相冲突，则无论多长时间，都很难维持。

例如，我扮演神秘智慧的探求者的角色就没有引起任何冲突。我真的对神秘的思想和实践很感兴趣，我喜欢那些追寻的经历——自由地探索那些神秘主义者的思想观念。虽然我更喜欢探求者这一角色，但我充当客户的角色也几乎没有造成任何冲突。作为一名探求者，相对来说我没有什么义务。然而作为客户，我必须寻求建议，我的行为看起来必须是我想要得到并且感谢这些建议，似乎它们对我很有帮助。我作为塔罗牌算命师 (tarot card reader) 的身份——一个完全可让我被视作局内人的角色——是冲突最大的。这个角色中我最不喜欢的部分是用纸牌占卜，尤其是在公共场合。尽管我完全可以以塔罗牌算命师的身份跻身于神秘主义者即局内人当中，但是用纸牌占卜这一行为与我的社会科学家的身份发生了严重的冲突。我还担心我做占卜时，那些接受了我的建议的人以后会有什么不良后果。

政治性和多重局内人角色在裸体沙滩的研究中表现得非常突出（参见 Douglas and Rasmussen, With Flanagan，1977）。裸体沙滩是引起热烈争议的公众话题：警察涉入；有人被捕；形成利益群体；媒体进行报道。身为裸体沙滩的裸客，对于沙滩裸体者的思想、情感包括裸体主义的政治观点，道格拉斯完全是一名局内人。然而，道格拉斯同时还以裸体沙滩附近物业业主的身份参与活动，这些业主是裸体沙滩的最直言不讳的反对者。因此，道格拉斯处在一个观点高度冲突的独特的参与观察者的位置（Douglas and Rasmussen，With Flanagan，1977，pp. 193-222）。他在短期内扮演着相互冲突的角色，如果对他的角色不进行适当的重新定义，一旦这些政治上对立的群体中的任一方知道他的这种双重参与身份，他将难以继续扮演这些角色。

成为研究现象

参与角色可以是名义上的，也可以是比较全面深入地涉入角色的活动。角色的扮演怎样才算合适，依赖于你自己的经历与兴趣、角色类型、现场的性质以及其他无数不同的相关因素。有些角色的扮演要求很高，另一些则不然；有些角色不需要多少专门知识，而另一些角色则需要广泛的训练或特殊的专长才能胜任；有些研究者成为优秀的角色扮演者，而另一些则永远克服不了扮演陌生角色时常常会出现的尴尬。后面这种情况又会引起自我冲突和差劲的角色扮演，并且反过来制约观察能力的发挥。

在日常生活中，在我们假装是什么和我们真实是什么之间有一条清晰的界限。根据惯例，参与观察者受到警告，不要超越这条界限，超越了这条界限的参与观察者被称作"随俗了（gone native）"或"成为了现象（become the phenomenon）"（Wax，1971；Mehan and Wood，1975；Douglas，1976；Adler and Adler，1987）。当这种情况出现时，研究者可能会离开科学共同体，也许永远不再返回；研究会受到"主观性"和个人情感的侵蚀；研究者的科学家身份可能遭到破坏。

按照传统的观点，研究的"客观性"如同贞操，一旦丧失就无法恢复。

上述的所有这些在理论上都显得有些过虑，但是在实际事例中，这些考虑都是有道理的。研究者在现场真切地观察，并能够批判地分析解释所观察到的事物，这一点非常重要。然而，参与观察的主要优势之一就是研究者有可能作为局内人体验日常生活的世界。有时候，只有研究者成为现象的一部分，身体力行地去体验，才能做到这一点。

成员身份拥有特殊的视角，并且只有通过亲身经历才能获得该身份。斯科特（Scott，1968）出于偶然的机会获得了成员的身份，得以对田径比赛进行深入细腻的描绘。同样，贝克尔（Becker，1963）以爵士音乐家和大麻吸食者的身份进行的参与观察研究，从内部成员的角度揭示了相关的现象。丹瑞尔（Damrell， 1977，1978）成为两个宗教团体的成员，为揭示所要研究的现象提供了独特的视角。珀斯基（Polsky，1969）以自身社会边缘人物的身份，开启了对街头游民、披头士及其他边缘人群的正式研究。埃尔文（Irwin，1970，1980）早期对犯罪行为的涉入使他得以开展几项关于重犯和监狱的研究。

我（Jorgensen，1979）在用塔罗牌占卜时遇到的困难，与我过分认同神秘主义或神秘主义者毫无关系，相反，我很难哪怕是暂时地放弃我的科学家身份和观点。虽然我努力想成为一名神秘主义者，但是我却无法胜任此事，因为我忠诚于科学，无法使自己相信（尽管我确实使别人相信了）我是一名神秘主义者。甚至在神秘主义者把我当成他们当中的一员时，我发现科学的思想体系仍然侵入我的思想和情感，模糊了神秘主义的视角。

尽管有这些警告，近几年参与观察者们都努力成为研究现象的一部分，以便获得观察的优势。成功运用这一策略的最突出的例子之一，是朱尔斯－罗塞特（Jules-Rosette，1975）对于土著非洲基督教原教旨主义群体开展的实地研究。她的报告强有力地证明这一策略具有观察优势，而又没有丧失研究的客观性（Krieger，1985）。

朱尔斯－罗塞特 (Jules-Rosette, 1975) 起初以一名西方社会学家的身份，接触这些"教徒"，对非洲宗教仪式进行实地研究。当朱尔斯－罗塞特感到自己不能完全理解一些宗教习惯和仪式时，她就开始参加更多的活动。事实证明她的参与研究极具价值，它拓展了研究现象，使她得以研究在此之前从非参与者的角度无法看清的事物。最终她成为一名完全参与的成员，在这个过程中，她目标明确地集中力量取得成员身份，把这件事当作研究的一个主题来做。取得成员资格之后，朱尔斯－罗塞特从局内人的角度，对宗教生活的景象作了令人惊叹的生动丰富、详尽细腻的描绘。

虽然朱尔斯－罗塞特获得了比大多数研究者更大程度的局内人的观点，但是她回归科学共同体的事实却表明，她从未完全放弃科学事业。她看起来可以为了宗教事业至少暂时地悬置科学观点，在将局内人的信仰内化之后，她又转而用科学的思想体系，对这些局内人的信仰以及现场收集的笔记和材料进行思考和批判的分析。

作为普通的行动者，人们都具有驾驭多重角色和自我的能力，哪怕相应的观点发生逻辑上的和其他方面的冲突（Festinger，Reicken，and Schacter，1956），可以把潜在的相互冲突的信仰在不同的认知领域区分开来。人们在将来更长的时期还有可能保持多重的相互冲突的信仰，尤其是当这些观点所运用的互动情境是相互分离的时候。在这些观点之间进行内部对话也同样可能，多数研究者都能熟练自如地启动和停止他们的分析功能。你把日常生活当作一般常识来多次体验和解释，然后再开启一个分析观点，对一个特定的情境进行分析（Zurcher，1977）。

成为现象对于成功的参与观察并不是必不可少的，它可能引起研究者自我概念方面的问题。例如，兰波（Rambo，1987）一直体验着作为一名脱衣舞女和社会学研究生之间的冲突，这部分地是因为在成为研究生之前，在日常生活中她曾是一名舞女。在整个实地研究中，兰波都是依靠我运用社会学的观点分析讲解她所从事的工作，将社会学的观点和一个舞女的观点区分开来。在她最频繁地参与现场期间，她发现很有必要在晚上跳舞之前谈论她的经历，通常一谈就是几个小时。虽然我不断地强调，继续成为现象的一部分对于研究并不是绝对必要的，但是经过几次会谈之后她还是决定继续下去，直到她认为成为现象这一策略被运用到极致才满意。

兰波运用成为现象的参与观察，为了解脱衣舞的局内人经历，尤其是对脱衣舞女的情感世界和与顾客打交道的方法等方面，提供了难以替代的途径。显然，兰波让自己成为现象的这种涉入，使她对舞女经历的描述比任何其他研究方法都要准确得多。我可以从一个局外人的角度，对兰波的经历提供一套看法。然而她本人确实经历过困难，作为一个舞女和一名研究生，在自我概念上面发生了冲突。在较短的一段时期内（不到两个月），通过与别人谈论她的经历并运用社会学的方法对之进行分析，她克服了这些困难。

总之，成为现象是参与观察法的一个策略，是深入人类生活，获得直接经验的一种方式。由于它能获得局内人生活经历的准确细致的描述，因此它是一种客观的研究方法。在运用这种方法的时候，有一点很重要，即研究者要能够在局内人的观点和分析的框架之间来回转换。与同事谈论现场的经历有助于实现这种转换。与所有的科学成果一样，参与观察的结果也是向大众公开，供同行检验的。与其他的许多方法不同，参与观察法要求研究者详细而具体地交待，自己是如何使用调查方法而获得特定的结果的。

团队策略和使用助手

单个的研究者，即便他或她能够扮演多重角色，也基本上被限制在所能担任的局内人的视角范围内。单个的研究者所能观察和经历的事物，存在某种固有的局限。参与观察者的社会地位如性别、族群、年龄等都很难改变，而社会地位对于观察来说通常是十分重要的（Wax，1979）。

涉入人类的意义和情境，尤其是涉入局内人的意义世界，通常要借助一定的社会位置和社会地位。例如，涉及性别的活动，不具备合适的性别的人就很难观察得到。组成参与观察的团队或使用训练有素的助手，在收集高质量的资料时，具有极大的价值甚至是必不可少的。

团队的参与观察与单个研究者的参与观察并无很大区别，只是团队可以采用分工的方式，以便获得多重视角。团队策略的优势，在于使研究不完全取决于某个参与观察者的个人兴趣和交际能力。团队成员之间可以不断地交流与讨论新的发现和新的问题。例如，哈肯和亚当斯 (Haaken and Adams,1983）利用他们在精神病学和社会学方面的训练，获得了对"生命源泉训练"不同的研究视角。

道格拉斯、拉斯穆森和弗兰拉甘（Douglas，Rasmussen and Flanagan, 1977）三人共同对裸体沙滩的成功研究，进一步证明了团队研究策略的有效性。他们当中的每个人都可以对裸体沙滩的生活提出略有差异的观点。道格拉斯的观点受他如下身份的影响：中年人、已婚大学教授，沙滩附近的业主。拉斯穆森的身份则大不相同：年轻、单身，研究生。作为一名年轻的女研究生，弗兰拉甘则提供了另一不同的视角。无论是拉斯穆森还是弗兰拉甘，由于他们的地位特征，他们都无法得到道格拉斯的研究视角，尤其是不具备丰厚的社会学专业知识和当地业主的观点。另一方面，道格拉斯和拉斯穆森也无法从女性的角度来看待裸体沙滩。年龄和婚姻状态造成了道格拉斯和拉斯穆森之间观点上的差异。

菲尔德曼、阿加和贝齐纳（Feldman，Agar and Beschner，1979）报告了一个独特的团队策略。四位参与观察研究者——两男两女——调查"天使之尘"（苯环已哌啶，一种麻醉药）在美国不同地区的使用情况。当他们决定就这一紧迫的公共卫生问题进行合作的时候，他们各自都已对苯环已哌啶的使用开展了研究。在短暂的三个半月时间内，研究者利用他们作为参与观察者的身份，集体地将重点放在公共卫生的基本问题上。由于他们在性别、所处地理位置、理论重心等方面的不同，形成了观点上的多重差异，因而人们更有把握地认为，这些研究成果对于制定社会政策和具体处理这一社会问题大有裨益。

和团队策略一样，使用研究助手能够提供多重视角，有助于拓展收集资料的范围和提高资料的质量。与团队研究不同，雇请助手通常是为了一个相当具体的目的，至少可以将研究助手从总体上区分成两类。一类是，由于许多研究人员同时在高等教育机构从事教学工作，所以常常雇请学生担当一个研究项目某一方面的助手。另一类是，参与观察者在研究现场招募人员作为研究助手。

学生助手在兴趣、训练和能力等方面存在差异。在校本科生特别适合为一些具体的任务充当助手。我曾经雇请没什么研究经验的本科生收集关于塔罗牌的材料。我没有对他们进行什么培训，就派他们去塔罗牌算命师那里，而他们总是能够替我用磁带录下算命的内容。我还要求他们作现场笔记。然后，我听取他们汇报完成任务的情况，教他们如何进行参与观察，以便进一步收集所需资料。

齐默尔曼和威德尔（Zimmerman and Weider，1977）在研究中雇用了更多的本科生。两位研究者对青年吸毒文化，尤其对人们用来构建这种生活方式并赋予其意义的行话很感兴趣。与吸毒亚文化有关联的学生特别适合这项任务。齐默尔曼和威德尔让学生做现场经历笔记，听学生汇报任务完成情况，并且不断地与学生开会，当面讨论。

当地人有时不仅是出色的信息提供者，还是优秀的实地工作者。与来自局外的研究者不同，局内人已经在研究环境之中占据了一定位置。至于你能够指望这些本土的实地工作者所做的事，和对待大学生一样，主要取决于具体的情况。在绝大多数情况下，使用现场的当地人做助手，最好是让他们去完成那些由职业研究者主管的具体任务。但是，有报告表明，即便在那些本来没有指望能够找到工作伙伴的研究现场，参与观察者还是能够碰到并雇请到可以完全信任的合作者。和一些特别有才干的当地人一样，研究生一再表现出可以承担收集资料的主要责任。

例如，加里梅耶（Gallimeier，1987）在职业曲棍球运动员中招募了一名重要的信息提供人，协助他收集资料。这位叫做"克劳达迪"（"Crawdaddy"）的运动员非常适合这项任务，因为他曾获得社会学专业的学士学位。他按时间顺序将收集的资料写成日记，并且与加里梅耶进行长时间的详细的当面讨论（Zimmerman and Weider，1977）。

小　结

本章探讨和阐述了把日常生活作为研究现场的参与原则和策略。参与观察者的物理位置和社会位置决定了他所能体验和观察的内容。参与的角色可以是完全的局外人，或完全的局内人，或者处在所研究现象内与外之间的众多不同的位置之上。"成为现象"是从完全的局内人角度体验世界的一个独特策略。在参与的过程中，应该对伦理、政治以及涉及你的自我概念的复杂问题保持敏感。参与者可以是单个的研究者，也可以是某个研究团队。团队参与观察具有明显的优势，包括可以从多重视角收集资料。

练 习

1. 假定你要参与观察某种日常生活形式（如高中生的正式舞会）。确定该事件中不同的社会位置（如乐队成员、女生、男生、母亲、父亲等）。描述并且讨论对于此事，不同的社会位置会形成怎样不同的看法。可以随意举例说明。

2. 你被招募参与一项中学生辍学（或有关吸毒者或警察）的研究。如何运用参与观察研究中成为现象的策略，开展此项研究？这种策略合适吗？为什么？在运用这种参与观察的策略时可能会遇到什么问题？讨论这一策略的利弊。

3. 就上面提到的主题，对照和比较如何进行个体参与研究和团队参与研究，个体参与观察和团队参与观察的利弊分别是什么？

4. 从文献中挑选一个参与观察的案例，就研究者的位置、所扮演的参与角色、伦理性和政治性等问题进行批判的分析。案例中如此运用参与观察法有效吗？为什么？

第 5 章
建立和维持实地关系

　　本章探讨与阐述这样一些原则和方法，它们涉及与研究现场的人们建立和维持以信任、合作、友好、融洽为特征的关系。与研究现场的关系以协商、互惠和交换为基础，这些关系会引起重大的政治和伦理问题。本章还将描述参与观察者与日常生活情境中的人们之间发展满意关系可能遇到的障碍，探讨并阐明处理研究现场关系的策略。

信任与合作

　　撒谎，夸张，有意无意的欺骗（包括自我欺骗），人际之间的表面应酬和造作，缺乏知识或者知识具有很大局限，以及误解等诸如此类的情况，都会给收集准确可靠的资料带来严重的问题（Douglas，1976，1985）。当参与观察者与研究现场中的人们建立并维持相互信任与协作的关系时，资料的质量就会得到改善和提高（Johnson，1975）。个人社会身份的信息（如经历、地位、角色等）是建立信任与合作的基础，也是评估他们所提供信息的基础。在判断人们提供信息的真实性时，重要的是要了解：他们是怎样知道的？他们对这些信息感兴趣吗？这些讲述与他们的经历一致吗？这些信息在其他方面可信吗？这些信息能被他人证实或否认吗？常识是对上述问题进行判断的指南。换言之，我们大多数人都是在日常生活中评估他人及相关信息的。参与观察者为了达到研究目的，需要探究如何进一步发展和完善已有的人际交往技巧。

　　信任与合作不是绝对的，而是一个程度的问题。你与日常生活中人们的关系或多或少是一种信任与合作的关系。在实地研究中，最有可能的是你与少数几个人建立非常信任甚至是亲密的关系和友谊；与某些人保持良好的但不那么亲密的关系；与其他人建立一种有限的信任与合作的相识关系。信任与合作是互动的结果。局内人会发现你风趣、可爱、友好、值得信任。作为一名参与观察者，你可以有意地控制自我表现，以便鼓励（或阻止）建立某些特殊的关系。

　　人们之间的信任与合作很大程度上受到环境和情境的影响，你应该有意识地培养并掌握识别和理解社会互动情境的技巧。例如，如果你没有注意到因为情境本身或因为在特定的情境中他人的出现，使你的某位信息提供人对交谈感到不自在，那么你与他或她正在逐步建立起来的信任关系就可能会遭到破坏。你能够与人们建立什么类型、何种程度的关系，以及与人们在怎样的情境中进行互动，决定了你收集到的资料的准确性和可靠性。

　　建立在信任与合作基础上的人际关系是变动不居的，这同时也常常造成社会生活中棘手问题的出现。必须对人际关系保持持续的关注，因为信任与合作的关系随时都可能中断。参与观察者要随时准备做出评估，看何时具备了"充分"的信任与合作，足以收集到准确可靠的资料（Johnson，1975）。换言之，你必须自问，是否已经建立起了足够的信任与合作关系，使你因此能够逐渐收集到相关资料。没有什么绝对的原则能够帮你进行决策，但是大多数人都具有凭借常识对此做出判断的能力。例如，信息提供人对你提供的信息比他对陌生人提供的要多吗？你们在相互交往中感到自在吗？你们能够在一起谈笑吗？对于他的社会经历与背景你知道多少？

　　简言之，实地现场中参与观察者与局内人之间的信任与合作关系，是顺利地进入局内人的日常生活，获得关于他们的世界的准确可靠的高质量资料所必不可少的。信任与合作是个程度问题。在研究现场，参与观察者至少应该和少数关键人士努力建立最大限度的信任与合作关系。信任与合作一直是个棘手的问题，它取决于具体情境中不断发展的互动状况。在现场工作时，你必须判断什么时候才具备了充分的从而能够获得可靠的资料的信任与合作。换句话说，你必须不断地从下列几个方面去解释和评估你所获得的信息：谁提供的，所涉及的关系的程度和特点，你与局内人相互交往的情境和场所。布劳（Blau，1964）在进行正式访谈之前，未能与信息提供者建立起和谐融洽的关系，结果导致了互不信任。

互惠与交换

　　与研究现场的关系涉及参与观察者和局内人之间的协商和交换（Blau，1964；Whyte，1984）。虽然有些交换是直接通过金钱或物质来进行的，但是多数的交换媒介是非物质的和象征性的。无论人们是否自觉地意识到了这一点，参与互动的各方都期待从这些交往中获得某种价值。显然，你所需要的是：了解局内人的生活方式，有机会进行参与和观察，并获得相关资料。

　　局内人信任你并予以合作的过程中，从他们个人或集体的角度也许会一无所获。和研究者不同，他们并不认为研究的结果在某种程度上对于他们具有价值。在努力与越战退役军人建立合作关系，描述他们日常生活所面临的问题（由于战争的经历所导致）的过程中，我常常被迫说明研究的价值。他们向我提出的第一个问题是："这对你有什么好处？"他们还问："我为什么应该跟你合作？"或者"这对我有什么好处？"

　　为了获得信任、合作、信息和友谊，你必须向人们奉献什么？这是一个重要的政治和伦理议题，而且没有简单的解决办法。例如，由于先前的经历，越战退役士兵一般不容易被教科书式的理由说服，相信研究的结果有助于解决他们现实生活中的问题。他们中的大多数人对于科学或科学家所具有的权威性没有丝毫的敬畏，而他们的经历使他们对所谓的"社会改革家"及服务组织，持有超乎寻常的怀疑主义的态度。我发现明智的做法是绝对直率坦诚地与他们打交道，我明确地告诉他们，我期望从研究中获得什么（出版、名望、知识），同时我真诚地希望我的研究能够使他们受益，但不奢望研究能够给他们的生活带来巨大变化。我向他们承诺，一切都以真诚、尊重为基础，可以建立和发展持续的友谊。因为许多退役军人非常愤世嫉俗，对怀有私心的人们失去了信任，这种大胆真诚的方式往往能够消除他们的敌意，获得成功的交往，而缺乏诚意和装腔作势的方式只会导致彻底的失败。

我还使这些退役军人相信，由于参与观察法是从局内人的角度来描述现实，因此它不像其他人类研究那样具有较强的可利用性。从局内人的角度理解某些生活方式，哪怕不能保证资料以后不被滥用，这本身就具有价值。因为参与观察者必须直接与局内人进行互动，所以，更不容易忽略局内人的思想、情感和兴趣。直接参与的研究具有人性化的潜力，而这正是远离研究对象的研究所缺乏的。在最后的分析中，你必须做好辩护的准备，必要时进行公开辩护，表明你与实地中人们的关系是正当的、符合道德的。

有道德责任感的参与观察者，在向局内人提供一些有价值的东西以交换获取信息时，需要特别慎重。最令人不满的是用金钱作为交换媒介。道格拉斯（Douglas，1976：141）直言不讳地指出："如果一个人对他心爱的人付钱，则把她当作了妓女；他会得到虚假的仅仅是形式上的爱作为回报。"有时金钱是一种合适的交换形式，但是要明白，这样一来就成了商业买卖关系，而以此为基础又会影响正在交换的信息的内容。比较合适的办法往往是，对那些协助收集资料的人付钱，或者赠送其他有价值的礼物作为回报。但是要注意，在这种文化中，朋友之间可以交换好处或实物（包括金钱），但是这些东西不可能既换得友谊又不带来任何负面的后果。

你会发现有许多并不涉及金钱的公平交换方式可以巩固信任与合作关系。例如表扬、赞赏、提供帮助，这些方式在加强信任与合作的关系上比金钱有效得多（Blau，1964）。的确，友谊总是建立在一定的共同兴趣和相互尊重基础之上的。尽管主要是象征性的，但是在给予他人或与他人交换的过程中，尊重是极具效力和价值的。例如，我在研究神秘主义时最信任的几位信息提供人，把我对他们的尊重和友谊看得比金钱重要得多（Jorgensen，1979）。同样，埃莉丝（Ellis，1986）也是以提供帮助、小礼物，以及最重要的，对他们生活方式的浓厚兴趣和真诚的尊重等方式，来回报帮她从事研究的当地渔民。

在格外困难的情况下，阿德勒（Adler，1985）在与贩毒头目建立交换关系时进行了非常规的尝试。她以各种方式帮助他们，如给毒品贩子照看小孩，把汽车或电话借给他们使用，给属于毒品亚文化的成员提供聚会的地方，等等，这样阿德勒被他们接受，与之建立了非同寻常的融洽关系。有一次，在一个毒品贩子因贩毒被捕、判罪、入狱之后，她帮他处理了一些法律上的和其他的相关事务，此人出狱后与阿德勒一家共同生活了七个月，重新融入了日常生活。这个毒品贩子不仅仅是阿德勒可以合作和信赖的信息提供人，还成为了阿德勒一家人的朋友。

建立关系的策略

参与观察者把初次在现场遇到的人视作陌生人来交往。同样，这些人即便知道一点你的真实身份或所扮演的角色，也会把你当作陌生人。局内人对待你的可能态度可作如下排列：憎恨、敌视、厌恶、冷漠、容忍、有戒备的合作、友好、甚至热情和亲密。同样，对于现场中的一般对象或个别人，你也可能会体验到所有这些不同的情感——憎恨、厌恶、畏惧、冷漠、容忍、友好、喜爱。

获得接受

从与局内人打交道开始，一个中心目标就是要在某种程度上得到他们的接受。作为一名参与观察者，你不必赢得他们的喜欢或热爱，但是你的出现绝对不能让当地人感到讨厌或不可容忍。一旦他们没有很大反感或没有太多保留地接受了你，你就有大量的时间去进一步发展与他们的关系。开始，你在研究现场要尽可能地做到不引人注意，尽量避免一切引人注意的行为。

最好是在开始的时候融入现场和具体的情境，仔细观察和倾听所发生的事情，以便熟悉相关场景和局内人的生活方式。最好不要快言快语，要用人们认为在此情境中恰当的方式来与人交往；另外，要以不引人注意的方式出现在现场。获得接受这一目标要求你的穿着举止都要避免引人注意。要做到这点，你必须了解所涉入的情境和现场，找到进入它们的合适方式。获得接受等于学习一种不同的文化或亚文化。参与观察的这个阶段有时被称作"学习窍门"（"learning the ropes"）阶段（Shaffir，Stebbins and Turowetz，1980）。

隐蔽的参与观察者所扮演的角色及其行为举止都应该采用不引人注意的被动策略。在大多数情况下，这足以适应局内人对该角色的期待。如有可能，要使"你是谁""在那儿干什么"等这类问题模糊化，但是一定要提供足够的信息，以避免对你的出现产生过分的兴趣。你的目标是作为一个普通的参与者，适应当地的文化并为人们所接受。

公开的参与观察者面临着不同的处境。因为有些人（即便不是所有的）对于研究的认识相当有限，你常常需要做进一步的解释。研究现场的成员一般都想知道你到底希望发现什么，你将要做什么，他们是否会或以怎样的方式进入你的研究。人们对研究及其结果形成许多错误的印象是不足为怪的。也许公开的参与者最重要的初期工作是，在建立与现场的关系时克服人们对于你以及你的研究工作的偏见。

在公开的参与中，公开而直接地对待人们的疑问是非常重要的。你必须使你在现场的出现显得十分正常。根据研究现场的情况，如果人们认为你的研究具有价值，你也许能够得到他们的合作。当地人通常会认为他们与你的关系具有一种内在的价值，或者认为这是个人声望和权力的一个来源。你不是他们当中的一员，因此不能像他们一样行事。局内人也并没有希望研究者像他们当中的一员那样，如果你这样做了，或许还会冒犯他们（Whyte，1984）。

你应该让局内人相信你不会伤害他们或他们的利益。有效的办法是，强调他们的合作是自愿的，他们的身份将隐藏起来，他们提供的任何信息都会保密。与现场中的人们讨论研究计划是非常有益的，这样可以消除某些错误的观念，获得他们的认可，但是没有必要透露研究的细节。因为一些基本的问题并未停止出现，所以研究到底会发展到哪一步是不太确定的。通常不必要也不适合对研究进行高度技术性的说明，提供一个该研究的一般性简介，能解答局内人的疑问也就足够了。

得到局内人的认可和接受，可能既快又容易，也可能需要较长时间的努力。有些人可能正在逐渐接受你，而另一些人则有所保留或者更糟。即便被接受了，今后随时还有可能又遭拒绝。你应该对被认可和接受的迹象保持敏感。这些迹象也许是非常微妙的，如身体语言和手势，现场的当事人不反对参与者的介入，或者你感到你们之间的互动已成为普通的、常态的行为。当人们对你表示出兴趣和友好时，你被他们所接受的迹象就会更加明显。

要获得局内人的认可和接受，一般要求对于他们的信仰、价值观和活动保持道德上的中立态度（Whyte，1955）。局内人可能会请求甚至要求你在道德上接受或承诺履行他们的生活方式。你如何经受这些考验通常决定了你们之间今后的关系。例如，在研究一所基督教原教旨主义学校时，佩什金（Peshkin，1986）反复经受了这样的考验：对方努力想把他争取过去，让他成为基督教徒，尽管事实上他是一位犹太人（也许正因为这层关系，他们才这样做）。佩什金通过了考验，学校成员一直容忍他的出现甚至与他合作。出现认可和接受的迹象非常重要，它们表明，你已经经受了局内人的考验和评估，他们认为你在道德上值得交往（Johnson，1975）。换言之，接受是局内人对你进行的一种道德上的判断，但接受并不表明局内人认为你在道德上与他们是相同的。

建立融洽关系

与局内人建立真正的融洽关系 (rapport) 比单纯的认可和名义上的接受，其要求要高得多（Hunt，1984）。它要求人们彼此之间的情感交流相当的积极与主动。建立融洽的关系与你展示自己习得当地文化的水平有关，也与你和当地人交往中愿意付出多少有关。与研究现场的人们建立融洽关系的过程非常类似日常生活中的交友，不同的只是更加的刻意和自觉。与局内人建立高度融洽的关系，一般需要广泛而深入地参与他们的日常生活。

融洽并不一定意味着你总是赞同局内人的观点或与他们有着一致的期望。例如，戈登（Gordon，1987）成功地与耶稣教教民建立了融洽的关系，而他是公开反对他们对信仰问题的看法的。"同情的分歧"（empathetic disagreement）策略也帮助戈登减轻了参与观察所带来的压力。

那些曾经与你有过目光、手势交流或会话的人，为你追求融洽关系提供了可能性。通过与人们交谈，你可以发现彼此的兴趣。与人们一起参与到日常生活环境之中,有助于建立共同的经验和融洽的关系。甚至简单地表达对他们的关心,也经常会使他们对你持开放的态度,告诉你他们的兴趣、活动以及经历。关心、同情,以及愿意倾听局内人的诉说,这些通常都有助于建立融洽关系和发展友谊。

人们关于社会距离和区隔的观念可能为关系的持续发展制造障碍。例如,局内人可能就你的社会价值是高于还是低于他们的做出判断,并据此相应地与你进行交往。年龄、族群和性别是造成许多社会距离的原因,融洽的关系需要缩小这些距离。例如,科萨洛(Corsaro,1985)在研究学龄前儿童时克服了一个融洽方面的严重困难。他开始时通过在操场上转悠实施参与,名义上参加学校的活动,如帮助学生做好放学回家的准备。科萨洛成了学校日常生活中不具有任何威胁的一部分。最后孩子们开始注意到他,并让他参与他们的交谈。

出现这些被孩子们认可和接受的迹象之后,科萨洛逐渐参与到他们的活动中去,并且不打扰他们——这进一步表明正在建立融洽的关系。孩子们开始喊他"大比尔",这样的昵称表明他已经得到了很大程度的接受。孩子们选择这个昵称,表明他们也知道科萨洛与老师具有某些不同,与孩子自己也不一样。科萨洛建立融洽关系的关键是直接参与到孩子们当中去。更为重要的是,大比尔与其他成年人不同,他不对孩子们行使权威。最后孩子们让大比尔参加他们的活动,坚持让他坐在他们中间,和他们一起玩,让他作为同伴参加他们的生日聚会。科萨洛最终克服了任何人都可能遇到的巨大的社会距离。

参与观察者的经历可以用来缩减社会距离。发现和分享共同的生活经历非常有利于在人们当中产生同情和理解,形成社会纽带。在年龄、居住地(现在或过去的)、服役经历、宗教、婚姻状况或婚史、就业、嗜好等方面具有相似性,通常是建立融洽关系的基础。而真诚是与人们建立真正的融洽关系，也许还会发展成为友谊的最有效的办法。然而，为了达到特定的目的或适应特定的情境，巩固融洽的关系，参与观察者编造、想象、改写自己的经历，这也是众所周知的（Johnson，1975）。

自我暴露是建立融洽关系一个非常有效的常识性策略。运用这一策略，你告诉某人一些你不会告诉其他任何人的关于你自己的详细情况，如个人的隐私。在自我暴露的同时，你往往要提醒对方一定注意保密。分享这些私密信息形成了你们建立在明显的特殊关系之上的共同经历。这意味着给对方的一份馈赠，提供了一种知己、信任和尊重的象征。和所有的礼物一样，它给接收者施加了一种义务，必须用同等的或更高价值的东西与你交流，例如向你倾吐自己的秘密。

虽然一个人内心最深处的秘密，可能只会向非常亲近的密友吐露，但是人们也往往面对一些不太熟悉的人展示令人惊讶的自我暴露。例如，柯塔巴（Kotarba，1980）发现，陌生人之间会公开地暴露有关自己健康和疾病的隐秘细节。然而这并不特别奇怪，因为一个人的秘密告知一位你可能永远都不会再次见到的陌生人，比告知一位作为你日常生活的一部分的好友更加安全。在任何情况下，自我暴露策略都是在研究现场发展融洽关系的一个有效工具，因为它为人们创造了共同的甚至亲密的经历。

也许，巩固融洽的实地关系的最有效的一般策略是深度地介入人们的活动。共同的参与创造了共同的经历，而共同的经历是建立相互关系和友谊的感情纽带。独特的具有强烈情感的共同经历对建立牢固的关系尤其有效。退伍军人、监狱因犯、犯罪受害者等诸如此类的社会成员，由于他们的经历具有很深入的共同性，他们之间能够很快建立起融洽关系。共同参与轻度越轨或违法活动的人们，比较容易建立融洽的关系和友谊。源自族群、宗教，以及其他特殊群体的同一性，都能产生相似的情感。这些相关的活动有助于凸现局内人与局外人的分界线，制造出明显的"我们"感和团结感。

克服障碍的策略

参与观察者应该估计到有些人与事会不利于建立和保持令人满意的现场关系。有些人可能会对参与观察者持漠然、冷观、怀疑、敌视甚至愤恨的态度，这些人和情形反过来会刺激参与观察者情感上的反应。社会生活是具有政治性的：在研究现场，与一部分人建立了友好和信任关系，可能就导致了与另一部分人的不友好和敌对关系。你应该做好认识上的准备，正确应对这些人和事。

现场和成员造成的困难

与现场的人们之间的敌对、冲突、不信任、不友好的关系，造成了收集准确可靠研究资料的严重困难。然而，缺少合作有时可以转变为好事。让人们直接在交谈中说出他们对你不友好或有敌意的原因有时是相当有益的。仅仅让他们表达这些情感就有可能促成你们今后的合作，同时，还有可能会消除一些错误的观念，提出一些让他们进行合作的理由。即便你没有达到这个目的，从不合作的局内人那里得到的信息，对深入了解他们的世界也是很有价值的。

例如，佩什金（Peshkin，1986）起初试图选定一个研究基督教原教旨主义学校的现场，他遭遇了牧师和学校当局的强烈敌视。他想接近他们的企图多次遭到拒绝，然而这些经历本身就是有用的信息。因为这些困难，佩什金更加明白了基督教原教旨主义对其研究的强烈反对，以及横亘在局内人与局外人之间的明确界限。

每一处人类环境都是具有政治性的。局内人投身于正在发生的事件，不可避免地会产生冲突，为权力而斗争并导致巨大的分歧。在这样的环境中和有些人建立信任关系，可能会妨碍与其他的人员、派系、网络和群体建立信任关系。例如，我（Jorgensen,1979）观察神秘主义者的网络，在充分认识到神秘社群内的主要派系和政治冲突之前，我已与好几个人建立了密切的关系。部分地由于我和所有主要派系的人（相当偶然地）都建立了许多非正式的关系，部分地由于人们对于我属于这个或那个群体或派系的定义还在逐渐形成之中，所以直到研究的后期，这都没有造成太大问题。

然而，最后我直接卷入了一场敌对派系之间的激烈争执。我没有参加由社区一个教会团体支持的巫师大会，违背了这个团体首领的愿望（我认为这是个误会）。我试图解释这一误会，打了一连串的电话平息这场冲突。但是，该首领已经得出结论，认为我在社区的活动表现出了与其敌对的政治派系的"唯物主义"的价值观，因此不再允许我及我的朋友参与神秘主义的活动。后来我曾几次找机会试图——有些力不从心——对此进行弥补，但都无济于事。这位首领以及与这些政治利益相关的社区成员都确信我属于当地另外一个神秘主义团体。结果，我再也不能与这些人友好往来，也不被允许参加他们的活动。这个事件使我个人遭受精神创伤，给我造成了极其严重的问题。然而它对于确认我所描绘的神秘主义社区中的网络、派系和政治性分布图，有着无比宝贵的价值。

参与观察者的自我

参与观察者与研究现场的人们之间的关系是与其本人的自我概念有联系的。你对自己的看法会影响你怎样和局内人打交道，反过来，这又影响着人们对你的反应。你的自我概念影响到参与者角色的扮演、资料的收集以及研究的其他方面。

在进入现场时，参与观察者大都对研究充满兴趣、好奇和兴奋。这些情感当中总是还夹杂着担心和忧虑。参与可能会让人失望、理想破灭、醒悟、厌恶，甚至痛恨特定的情境和人们，乃至整个研究现场。由公开式参与导致的边缘化使得在现场的研究难以坚持长久。深度的隐蔽式参与可能要求更高，因为它需要你扮演成员的角色，并且或许还要持续保留虚假的面具和伪装。

无论你怎样小心翼翼地将自己从实地研究的日常现实中分离出来，想要不受影响是不可能的。例如，韦丽（Wiley，1987）在一个精神康复的研究现场和她自己普通的日常生活之间往返穿梭，从而经历了某种迷失和困惑。预测这些情感及其后果非常重要。参与观察者发现，向愿意听你讲述日常经历，尤其是困难处境的同行或密友倾诉，是大有裨益的。你会发现通过录音的方式倾诉和在笔记中讨论可以帮你面对这些情感。以后，你可以重温这些材料，评估这些情感对你及你的研究产生了怎样的影响（Johnson，1975）。

小 结

在研究现场建立和保持与局内人的关系是收集准确可靠资料的关键。这个过程并不像某种生活方式的社会化，它涉及闲逛、倾听、观察以及其他了解内幕的技巧。建立和维持以信任与合作为基础的关系，取决于审慎地运用常识的能力，以及与特定情境中的人们建立融洽关系和结交朋友的策略。这些策略包括对人们保持开放态度，愿意倾听他们诉说，探求共同兴趣，自我暴露，通过共同的参与创造共同的经历。现场关系包括人们之间物质的和非物质的物品交换。参与观察者可以通过付给金钱、提供服务或者发展友谊来答谢局内人的合作。

并不是所有的局内人或情境对你建立合作关系的努力都会做出积极的反应，但是负面的反应有时也为参与观察者提供了有用信息。参与观察者应该对可能出现的政治的复杂性和参与的伦理性保持敏感。让局内人与研究者之间进行合理的交换是很重要的。参与观察法一般都受到你的自我概念的影响，并且它也影响着你的自我概念。要解决与自我概念和情感有关的潜在问题，可以利用向同行和朋友倾诉，录音，或在笔记中讨论等方式，当你不再深陷这些问题当中时再去思考这些问题。

练 习

1.挑选介绍参与观察的一篇文章或一本书（从第一章练习中的杂志清单或从本书末尾的参考书目中挑选）。讨论研究者建立和保持现场关系的程序。这种关系的合作和信任程度怎样？它如何影响了资料的收集？研究者在建立和保持这种关系时遇到了特殊困难吗？如果是，这些困难是怎样解决的？

2.简要回顾你的人际关系。这些关系涉及何种不同程度的信任和合作？讨论这些关系以怎样的交换为基础。根据你的常识，列举参与观察中与人们交往的几种有效方法。

3.确定一个参与观察的现场（如学校、医院、教堂、银行、公司），讨论你会怎样着手与局内人建立和保持合作和信任的关系。你可能会遇到什么样的困难？会涉及什么样的政治和伦理问题？你将如何处理这些问题？

4.与研究对象关系不融洽是收集资料的一个严重障碍。而另一个不太严重，但有时仍然会导致问题的情况是：过深地涉入局内人的圈子，即所谓"过于融洽"。写出要点并讨论缺乏融洽或过于融洽怎样影响参与观察的研究结果。如有必要可以以你的人际关系状况为例进行阐述。你认为哪种情况更严重？你将怎样对待？

第6章
观察和收集资料

本章描述和阐明观察和收集资料的策略。参与中的观察是收集资料的一个基本方法。参与观察者还要进行访谈，有时还要使用问卷。人与人之间的沟通交流，尤其是文献、人工制品和个人经验，提供了更多的资料来源。

参与中的观察

观察始于参与观察者与潜在的研究现场接触的那一刻。除了收集资料以外，无焦点式 (unfocused) 的初始观察主要是为了逐渐熟悉局内人的世界，以便调整和聚焦后继的观察和资料的收集。尽可能及时地、详尽地记录这些观察极其重要，因为你以后再也不可能对现场有这样完全陌生的体验了。

无焦点式观察

即便你先前有过一些实地研究的经验，在研究刚刚开始时对意外事情保持开放态度是非常重要的。先前的经验和知识也许会有失偏颇或完全是错误的。如果先前的知识被直接的观察所证实，你会得到更有力的经验证据；如果无法证实，那么误会可以得到澄清，你将会获得新的发现。

刚刚进入一个新的环境或现场时，要全面考察这个人类环境的主要特征。主要是有意识地了解日常生活中大部分人的行为方式，寻找主要的空间特征：这是什么类型的空间（或建筑物）？在这类建筑物中它是典型的吗？或者说它有点不同寻常吗？这个空间是如何构造的？这个空间是稀松平常还是有点奇怪？在这个空间或建筑物里有些什么类型的事物？这个空间是如何使用的？通过回答这类问题，你可以描述一些空间或建筑物的物理轮廓，从而形成对它的印象。

同样的策略对于熟悉和收集有关人物和事件的资料也非常有效。那里有多少人？仔细观察他们的外貌：什么年龄、性别、族群？如何穿着？你能看出他们的社会地位和等级，或识别他们是情侣还是夫妻关系吗？这些人具有什么不同寻常、引人注目的特征？

这个空间里的人们是如何安排和组织起来的？你能够在这次或其他一些观察的基础上判断人们之间的相互联系和关系吗？例如，他们是按派对关系组织起来的，还是以小集团，或以家庭为单位，或以其他可识别形式（如年龄或性别）组织在一起的？他们在一起做什么？这是一种什么类型的聚会？这是否是个典型事件？或者在某些方面显得不同寻常？在这个现场你有怎样的感受？你觉得存在某些用观察的方式无法准确说明的事情吗？

这些问题显然没有穷尽你要研究的主题，但是它们提供了一个提出问题的一般性模式，以探究人类活动场所里各种事物中可能有趣的现象。记住，除了收集资料之外，初期的观察目标是熟悉研究现场。

在你对所发生的事情形成初步印象之前，应该限制你在现场的直接参与。理想的情况是，你出现在现场而不引人注意。但是使用这个策略的关键是迅速获得对于现场的"感觉"，然后再尝试适应它，尽可能地减少干扰。当然这需要你的部分参与。例如，在多数情况下，直接拒绝回答人们的提问会被视作粗鲁无礼从而使你不受欢迎。当你对一些行为举止没有把握时，通常明智的做法是与你在现场扮演的角色行为保持一致。

焦点较集中的观察

一旦熟悉了研究现场，就可以对你特别感兴趣的具体事物着手进行聚焦式 (focusing) 观察。应该从出现的问题和研究的主题中选择观察重点。聚焦的策略是，从范围最大的现象开始，逐渐将你的注意力集中到一个特定的现象上。换言之，你能够单凭看和听，从这个现象中得知什么？你所获取的知识又可以用来指导你对所感兴趣的更加具体的事物进行探索。即是说，你先前的观察会使你对某现象产生兴趣，使你对它进行更具体更系统的详尽观察。在你对研究中出现的问题进行探索和提炼的时候，这个观察、分析、再聚焦、再观察的过程可能多次重复。当然，你同时要收集和记录某些潜在的重要事实。

回想起来，我(Jorgensen,1979)对神秘主义的最初兴趣是占卜活动。在确定研究地点的过程中，我发现了专门经营神秘主义书籍和用品的商店。观察这些商店使我列出了一份有关当地某个神秘主义者社区以及一些个人和集体的清单。通过对这个社区内各种活动的观察，我获得了传播神秘主义信仰的环境以及神秘主义团体和个人的社会网络的概念。通过对这些网络的观察，我将神秘主义社区划分成为若干部分。对这些部分的观察使我能够辨别其中的个人和团体。而对这些团体和个人的观察，又让我得以描述他们特殊的信仰、行为习惯和意识形态。总之，起初的观察会增加一些你所感兴趣的问题，对这些问题的关注会使你确定其他一些观察对象，如此循环往复，就像一个永无止境的观察、分析、重新定义、再观察的循环圈。

焦点较集中的观察涉及在现场更多地参与人们的活动，尤其是开展非正式的交谈和询问。在多数研究现场，到了这个阶段，你已经与人们进行了某种程度的交往。这种交往可能主要是按照你所扮演的角色来进行，或者按照未来的局内人的角色进行的。但是几乎所有的交往都是一次学习机会，可以一般性地或专门地了解所要研究的问题。开始时不可避免地会遭遇一些极其尴尬的场面。由于以参与者角色参加活动的同时还要非正式地询问一些问题，你会体验到不少困难。等到你能够轻松自如地扮演参与者的角色，使你的参与成为一种日常行为时，才能比较容易地集中注意力提出具体的问题。

在进行一般性观察时，提问以及和人们随意地交谈需要一定的技巧(Douglas,1985)。提问有几个要领。不引人注意的随意提问很像普通的日常生活谈话(Cottle,1977)。你的问题应该与情境中已有的或隐含的主题相关，与特定背景和所发生的事情相关。善于交谈的人一般不会违背引导话题的原则，并且会让大家轮流发言，尊重其他人参与谈话的权利。根据社会背景的不同，某些话题适合讨论，而另一些话题或问题则不太妥当，在一定情境中甚至是鲁莽无礼或唐突冒犯的。

例如，关于性行为或性偏好的话题，只有在亲密的朋友之间才适合交谈，但即便如此，某些具体的问题也仍有风险。善于交谈的人还知道，表现出愿意甚至渴望倾听别人的谈话通常可以使他获得提问或参与交谈的机会。倾听是通过非正式交谈收集资料的主要特征。在这样的背景下，提问是使人们继续谈话，进行更深入的探讨，或就一个特别感兴趣的话题进行直接而细致交谈的最合适的方法。

访 谈

访谈指更加正式地提出问题的一系列策略。当研究的问题或主题逐渐清晰和明确定义之后，参与观察者发现此时运用访谈方法是合适的。非常正式的访谈按照严格的访谈提纲进行，或采取结构式问卷的形式。

提 问

提问是有技巧的。开始的提问可能只是像日常交谈一样满足于获得一般的信息。虽然即兴的提问对了解局内人的思想、情感和行动世界是非常宝贵的，但最终你将发现需要为所研究的问题寻求更为系统的答案。

多数情况下，要有充分的理由才能直接向人们提问。在进行访谈时，你可以在研究现场扮演一个自然角色，但是更有可能的是你必须让别人了解你的研究兴趣，清楚地讲明进行正式访谈的必要性。对于研究的解释应该比较笼统，在多数情况下，只需说类似于"我正在做这样的研究"就可以了。如果还需了解更多的情况，受访者自己会提出来的。至于你还需说明什么，则取决于他们所提问题的性质。要向受访者做出足够的解释，回答他们的疑问，消除他们的顾虑或潜在的错误概念，赢得他们的信任。通常少说比多说要好，因为访谈要尽可能做到不干扰受访者。说得太多可能造成局内人的误会、猜疑、迷惑等，或者会妨碍访谈的进行。你越说得多，你就越不能肯定人们对你所讲的是否代表了他们的真实思想和情感。

　　你所研究的主题决定了你要向人们提出什么具体问题。对于大多数的人文研究和探索策略，都有一个大致的问题范围。在专门论述民族志访谈时，斯普拉德利(Spradley,1979）就几种类型的问题和提问原则列出了一个提纲。描述性问题一般是为了获得关于人物、地点、事件等方面的信息（Spradley，1979，pp.78-79）。描述性问题探讨的是具有相当多细节的事情的大致轮廓，这些问题一般采取这种形式："请告诉我关于某事的情况，我对你的相关看法很感兴趣"，"告诉我如果你处在这个事件之中，你会怎样做？"或者"的确很有趣，还能再给我谈点什么吗？"。以下是一些具体的描述性问题：

- 宏观问题——对所研究的现象获得概观。
- 微观问题——对具体问题的细致探讨。
- 例证问题——获得所研究问题的说明和实例。
- 经验问题——询问人们的直接经验或者询问实际发生了什么。
- 本土语言问题——获得局内人用于推断和分类的具体术语、概念、句子等。

在提出描述性问题时，很有必要与局内人建立和谐融洽的相互关系（Blau, 1964）。如果向受访者施加压力，以一种让他们感到不舒服的方式提问则是很不明智的。一个有效的方法是让受访者帮助你解决问题，通过寻求他们的合作来接近他们。让受访者感到他们拥有一些特殊的知识并且对于你的研究非常重要。让局内人重复进行描述是非常有益的，它会使受访者觉得你对那些事件特别感兴趣，想获得更好的理解。这样还可以帮助你重新审视研究目标，纠正可能出现的误解，还能检验受访者提供的资料是否一致。

同样，复述受访者陈述的资料，反馈你所听到的内容也是很有益处的。这样你可以进一步表明你的兴趣，使得彼此的关系更加融洽，受访者亦有机会对所涉及的事情进行更正、补充、解释或澄清。要避免使用"为什么"以及"你是什么意图"等需要受访者做出解释的问题（Spradley，1979，pp. 81-83）。这类问题容易给受访者造成压力，并且还体现出评估性的判断。这会使局内人处于戒备状态。如果这不是你的目的所在，那么"何事""何时""何地"，尤其是"怎样"这类的问题，更可能使你获得描述性的资料。例如，让受访者讲述他们"怎样"做某些事情，他们同时也会提供一些描述性资料说明为什么这样做，以及这样做对他们来说意味着什么。

在提出相关问题的同时不太可能完全消除局内人的戒备心理。即便你非常谨慎地避免紧张氛围的产生，受访者往往还是会有所戒备或感到有压力。有时，给点压力使他们有所戒备是有益处的，或许这样可以检测所获资料的准确性和一致性。在有些情况下完全可以这样做，因为受访者已经对你抱有敌意了。蕴含压力的问题是有风险的，人们很可能撒谎或拒绝深谈，这样会导致资料的质量低劣或使访谈终止。

在进行观察和与人们交谈时，你最有可能碰到一些描述性词汇——用普通语言或行话来表达人物、地点、事件、活动等，你不能确定它们是否包含多重的意义、部分和层次。为了弄清这些词汇描述的事物，你需要询问一个具体的词汇包括了什么或由什么构成。询问这类问题的重要途径是，了解局内人所谈论的事物的部分、构成、阶段、层次等。如前所述，我（Jorgensen,1979）努力了解一个"神秘主义社区"，提出了许多"这个现象包含了什么"一类的问题，从而揭示了该现象的多重意义和层次。

为了进行对照和比较而提出的问题，代表了另一个询问途径。简单地说，对比性的问题要求受访者说明一事物怎样不同于另一事物。要求进行对照和比较的问题极其有利于理解事物是否属于某些特殊类型，同时还提供了区分这些事物之间相关程度的方法。

非正式访谈

非正式访谈 (informal interview) 类似于随意的交谈，主要的区别是非正式访谈拥有特定的提问和回答的形式。在非正式访谈当中，你向局内人询问自己感兴趣的事情。像普通的交谈一样，这些问题是随意的、自由发挥的，谈论什么主题和怎样谈论，均不受已有观念的约束。你可以粗略地预备一套将要谈论的话题，但是不同于较正式的访谈，不必每次以同样的方式向不同的受访者提出同样的问题。由非正式提问和访谈发展到较为正式的访谈，需要与局内人建立相当融洽的关系，受访者愿意花费时间关注你的问题。与随意询问不同，非正式访谈需要获得可视的结果，即用纸张笔墨或录音带记录谈话的内容。

通过非正式访谈，你能够系统地收集资料。你经常需要就感兴趣的现象获得一个总体看法，希望进一步证实局内人的观点。通过对不同的受访者提出一套相同的问题，你能够系统地收集到关于这些问题的资料。非正式访谈是了解局内人的不同观点的一个特别有效的策略。

正式访谈

正式访谈 (formal interview) 与非正式访谈不同，正式访谈使用一套结构性的问题表格，通过这种统一的问卷表，你能够以完全一样的方式，对不同的局内人就具体的问题进行提问。因此，正式访谈能够非常系统地获得高度一致的资料。这种访谈形式要求你对相关的问题具有明确的认识。它还有个前提，就是你已经与局内人建立了相当融洽的关系，能够对他们进行正式访谈。出于上述原因，正式访谈最适于实地研究的后期。有时，正式访谈对于迅速而有效地收集那些与你的研究相关但又不是核心的人物的资料，是非常有用的。

我在运用参与观察法对神秘主义进行研究时（Jorgensen，1979；Jorgensen and Jorgensen，1982），对研究区域内所有同意接受访谈的塔罗牌算命师进行了访谈。考虑到神秘的塔罗牌和塔罗牌算命师已经成为我研究的焦点，我想收集关于他们的统一资料，他们对塔罗牌的使用，以及他们对占卜行为的看法。我也运用了正式访谈的方法获得社区内一些特殊团体的统一资料。我已经对在研究现场遇到的一些特殊团体进行了系统地记录，但同时我的清单上还有许多团体尚未进行研究。因此我从所有能联系到的团体中选取一个有代表性的样本进行电话访谈。这样做，对于收集深度资料不是特别有效，然而特别有利于收集有关独特信仰、团体习惯、与其他团体的关系、估计成员数量、成员的一般特征（年龄、性别等）的统一资料。

正式访谈非常类似于结构式问卷调查。这些问卷表包括一系列标准化问题，对这些问题的回答可以采用开放的方式，允许局内人按照自己的意思回答。然而，典型的情况则是回答人被要求在研究者预先确定的几个有限的答案中做出一定的选择。访谈由研究者在面对面或类似的情形下（如电话）操控完成。问卷可由回答者自己填写，不需要研究者面对面的接触和帮助。因此问卷调查可以使研究者收集到资料而无需露面。问卷可以先发放，然后再回收。可以由研究者、研究助手、自愿者，甚至通过邮件来发放。

正式访谈和问卷调查的优势包括：收集高度统一的系列资料，可以使研究者投入较少的时间而接触到较多的人（与参与观察法相比），使用更加量化的测量技术。在参与观察中，与其他收集资料的方法相比，正式访谈和问卷调查一般不能获得丰富的质性资料，所获资料一般比较肤浅，较难解释，往往使人担心用这些方法进行研究会遇到麻烦（Douglas，1985）。正式访谈和问卷调查最好是作为参与观察法当中收集资料的一种补充方法。有了这些限制，正式访谈和问卷调查可以成为收集资料的有效方法。因为研究者熟悉参与研究的问题，某些单独应用这些技术的困难（如问题及答案与局内人的相关性，回答的真实性，回答者的诚实程度，等等），可以降至最低。

法恩（Fine，1987）在运用参与观察法进行研究时使用了问卷，以收集有关棒球小联盟的资料。佩什金（Peshkin，1986）雇用几名助手，从基督教原教旨主义学校的学生中系统地收集一系列统一的资料，以作为参与观察的辅助研究。费希尔（Fischer，1979）在对少女怀孕进行参与观察的研究期间，使用了非正式访谈和正式访谈。

深度访谈和生活史

通常与参与观察法有关的一个非常特殊的访谈形式是深度访谈(in-depth interview) 或深度调查（Douglas，1976，1985）。深度访谈主要借助非正式访谈的技术，但是它也可以包含一些正式访谈和问卷调查的成分。深度访谈与其他策略的区别在于，它力图探究一个特定事情的复杂而全面的细节。为了达到这个目的，深度访谈可能会进行两三个小时甚至更长时间，整个研究过程可能会持续相当长一段时期。换言之，对同一个人，可能会在长达几天、几周或几个月的时期内，在不同的场合对其进行多次为时几个钟头的访谈。

当参与观察取得了一定进展，确定了哪些人了解研究所需的资料时，深度访谈特别有价值。这类人有时被称作"信息提供者"，他们具有广泛的知识，并且愿意交谈或接受细致的访谈。例如，在研究神秘主义时，我的塔罗牌教师就是这样的人。他从事神秘主义活动长达三十余年，十分了解当地神秘主义的活动环境，并且还参与了其他地方的类似活动。基于我俩的亲密友谊，他愿意和我进行长谈，我们的许多谈话都历时三四个小时。只要我想获取资料或澄清一个具体问题，几乎任何时候我都可以随心所欲地打电话找他。

通常，关键信息提供者也可以成为能干的本土观察者。一旦理解了你的研究目的，他们就有能力并且愿意帮助你收集资料。有时研究者发展这些关系，就是为了把这些人培养成为研究现场的助手。休斯（Hughes，1977）依靠从前的吸毒人员作为参与观察者来收集关于吸毒场景的描述性资料。与此类似，齐默尔曼和威德尔（Zimmerman and Weider，1977）雇请一些学生作为信息提供者和现场的工作者，调查毒品亚文化。

深度访谈可能会对某位或多位局内人的全部生活产生兴趣。出现这种情况时，研究成果以生活史(life history)的形式来呈现（Bertaux，1981）。这方面的先驱是托马斯和兹纳尼茨基（Thomas and Znaniecki，1918-1919），他们收集了一位波兰裔美国农民的自传，研究移民对城市生活以及较大的社会变迁过程的适应状况。生活史已经被有效地用来研究犯罪及犯罪生涯。萨瑟兰运用深度访谈和生活史这两种方法研究职业窃贼（Sutherland and Conwell，1967）。克罗卡斯（Klockars，1974)应用参与观察法和访谈法收集职业销赃者的生活史。多拉德（Dollard，1937）在参与观察研究"南方城镇的等级和阶级"期间，收集了广泛的黑人生活史资料。

文献及人工制品

在参与观察过程中，大多数研究者都碰到了大量各种各样的人类沟通交流的产物，尤其是许多不同类型的文献(documents)，以及一些人工制品(artifacts)：从工具、机械、服装到手工作品和艺术品。这些人类活动的产品提供了潜在而丰富的二手资料，在有些案例中，甚至成为基础的研究资料。在多数情况下，这类资料自然而然地反映了随着人文意义的深化而出现的那些现象。

曼宁（Manning，1977，1980）在对警察的参与观察研究中，广泛应用了许多传媒形式（电影、电视、报纸、杂志）。约翰逊（Johnson，1975）在对福利工作者进行参与观察研究时，使用了组织记录汇编和个人档案。布罗姆利和舒普(Bromley and Shupe, 1979)在参与观察研究中，大量地使用了许多不同形式的关于边缘宗教团体及其反对派的文献（另请参见 Shupe and Bromley，1980）。

在我（Jorgenson，1979）研究的神秘主义社区，有许多不同的文献来源。美国的神秘主义研究以大量的文献为基础，这些作品代表了至少可以追溯到文艺复兴时期的西方文化传统。我广泛地阅读这些文献，关注神秘的塔罗牌的社会历史，用以指导研究资料的选取。这些文献给神秘主义的具体活动,如塔罗牌和占卜提供了一般的背景知识,这些文献也为我更好地理解局内人的意义世界和行动奠定了基础。

有三个组织稳定地提供与当地神秘主义直接相关的文字资料。这些具有极高价值的文献包括:道德行为准则;用以确定神秘主义社区、特殊网络和组成部分的团体与个人的名单;概述正确信仰和特定实践的文章;社区政治及社区与整个社会关系的社论;知名的地方首领和神秘行当从业者的自传材料。这些资料对参与观察和访谈提供了巨大而无形的支持,对阐述参与观察和访谈的结果也极有裨益。

在许多情况下,文献并不限于文字材料。在神秘主义社区,我收集到了有关占卜、信仰和行为教育等诸如此类的录音材料。有些神秘主义者出于兴趣保存着这些活动的录音资料、幻灯和照片。这些资料和文字材料一样极大地促进和丰富了参与观察的研究。

除了收集各种各样的文字材料,我还开始收集纸质塔罗牌。它们绝大多数都可以从当地的专卖店或特殊团体那里得到。如果与我所研究的问题有关联,在这种场所我还收集许多其他的人工制品,如珠宝、绘画和别的艺术品,以及从事神秘主义活动的工具(如水晶,包括占卜时使用的水晶球)。这些物品有时可以为研究它们本身提供独特基础,而不仅仅被当作支持其他研究发现的证据。

在应用参与观察法研究新闻制作的过程中,阿尔施莱德(Altheide,1976)大量地使用了录像带和报纸。在这个案例中,文献极大地充实了通过直接观察和访谈所获得的资料。反过来,阿尔施莱德(Altheide,1987)认为,参与观察可以促进对文献的理解和分析。

个人经验

直接参与局内人世界所获得的个人经验，尤其是研究者扮演成员角色和以其他方式所获得的局内人的生活体验，这些都是极有价值的资料来源（Adler and Adler，1987）。成为局内的一员，研究者就获得了成员的体验。作为研究者，你应该批判地对待个人经验，就像对待任何其他资料一样。然而，你的经验——正是因为是你的经验——将要比其他成员的经验受到更为严格的批判检验。

在对神秘主义的研究中（Jorgenson，1979），我扮演过探求者、客户和算命师等角色，从不同的成员角度获得了对局内人世界的体验。我对神秘主义社区的描述极大地得益于这些个人经验。扮演塔罗牌算命师的角色对于获取资料尤其具有价值。在完全进入这个角色之前，我对占卜文化只有一个模糊的概念。例如，我能够辨别正式的道德规范，非正式的行为指南，以及进行占卜的技术程序。然而，作为一个局内人，这些资料便凸现出了新的意义。我懂得了算命人心目中的客户概念，非正式行为规范，以及许多将较为正式的社会结构转变为日常活动的方法。

关于局外人认为神秘主义者从事欺骗性活动的看法，现在获得了新的意义（Jorgenson，1984）。从我个人的经验中发现，算命师懂得谨慎地控制他们的陈述，创造一种好像确实有什么不同寻常的事情将要发生的氛围。但是，他们蔑视明显的欺骗行为，避免使用一种称作"冷酷预言（cold reading）"的手段来欺骗客户。由于正是占卜技术的理论和结构——不管它们最终的本体论地位是什么——使人真诚地感觉到完成占卜的意义，大多数占卜师极少使用欺骗手段。此外，与简单地运用已有方法来预测过去、现在和将来相比，欺骗是更难把握的一种表演。

因此，个人经验从好几个方面来看都是无比宝贵的。通过亲自去做某事，可以从局内人的角度获得对某事的实际感受。另外，情绪和感受都是极其难以研究的东西。而个人经验则是我们接近人类世界这个非常重要部分的一个主要途径。以此为基础，才可能对特殊的生活方式产生新的认识。例如，我就曾从自身的经验中提出新的问题，再进一步从局内人那里寻找合适的答案。同时，个人经验也提供了一种方法，用以检验先前的非个人的和抽象的意义。通过个人经验来检验资料是非常重要的，这样我才能够深刻理解我所研究的生活方式中的微妙之处。

小 结

参与观察法将观察作为收集事实的基本策略。这一方法以直接体验和观察为主。参与观察者使用各种访谈策略，从极不正式的随意交谈到正式的访谈和问卷调查。参与观察者总是可以获得广泛的人类沟通交流的产物及人工制品。人类沟通交流的产物尤其是文献形式的资料，包括书信、日记、备忘录、各种文字记录、宣传材料、书籍、杂志文章和学术期刊等。在多数的人类活动场所中都有可能收集到其他一些人工制品，如服装、绘画、工艺品和工具等。观察以及其他收集资料的策略是参与观察者聚焦和提炼研究问题这个更大研究过程中的一部分。

练 习

1.选择一个观察地点（学校、教堂、公园、酒吧、法庭、银行、家庭、俱乐部等诸如此类的可以接近的场所）。花大约一个小时观察这个场所，并做观察笔记。就如下方面讨论你的观察：为什么选择这里而不是别处？你选择什么内容做笔记，等等。观察时你遇到困难了吗？讨论你所遇到的困难。

2. 确定一个研究主题和几个将要进行访谈的对象。至少对一名对象进行一次非正式访谈，利用这次访谈资料构思一个简短的访谈提纲，再对另外几名对象进行正式访谈。对照和比较非正式访谈和正式访谈所获得的资料。这些方法各自的利弊是什么？

3. 从文献中选取一个参与观察的实例，研究者在何种程度上运用了直接观察、访谈、个人经验、文献或其他方法？简要讨论这些收集资料的方法的利弊。

4. 本章指出个人经验是宝贵的资料来源。从你自己的经验和历史中，列举一些个人经验有助于你的教育的方面。与其他形式的资料相比，个人的经验是否更值得信任？为什么？

第 7 章
制作笔记、记录和档案

本章介绍制作、修改、保存笔记等记录和档案的原则及策略。对制作笔记和记录的恰当技术进行了回顾，并讨论和阐明了笔记、记录和档案的几种不同的基本形式。

笔记和记录

撰写笔记 (notes)、保存记录 (records) 和制作档案 (files) 是参与观察法的一个重要组成部分。当你专注地投身于现场工作时，很容易将注意力都集中在参与和观察上面，从而延误或忽略撰写笔记和保存记录。这是一个错误。人类的记忆，即便是对于那些本领域受过专业培训的人员来说，也是靠不住的。你作记录的时间距离观察时间愈远，可能丢失的东西就愈多，甚至导致永久的遗忘。在直接进入研究现场之后或其后不久，就应将做笔记和记录变成一种必不可少的日常习惯，这是怎么强调都不过分的。

笔记的类型、形式和内容取决于你个人的喜好和风格、研究的主题、观察现场与环境，以及所运用的技术。你应该记下日期、时间、地点；关键人物的身份、角色及行动；主要活动和事件。随意的交谈和访谈也应该记录下来。你会发现记录下与个人感受、直觉、猜想和推测有关的内容是非常有益的。笔记和档案可以手写或打印，使用摄影、录像设备和录音磁带记录，或用计算机处理。制作完毕之后，记录需要整理和分析。

理想状态下，研究现场所发生的每件事都应有文字记录。但显然这是很不现实的。尤其是在实地研究的早期阶段，你会碰到许多困难，你甚至难以决定什么值得记录。那么，你从哪里开始呢？

日常事实

开始做笔记的最佳起点是研究现场的日常事实，这些程式化的特征很容易被忽略，或者很大程度上被视为理所当然而不以为意。例如，通过描述物理环境、人们的特征及其活动，你能够认识所研究环境最明显的特征，并且可以练习和体验如何做笔记和记录。在研究现场，记流水账和按时间顺序记录参与观察的重要事情是非常有益的。起码要简明记录发生了什么事？为什么？涉及谁？在哪儿？以及你对这些事情的分析评价。即便你没能详细地记录这些事情，你的笔记也能使你以后可以回想起某些重要的问题。

例如，你可以从描述研究现场的物理特征开始：它位于何处？如果是一幢建筑，它的布局如何？人们怎样使用它的空间？同样，你还可以描述其大致的社会环境：有多少人？这些人的社会特征是什么？你能够了解并收集到有关他们的年龄、性别、族群、社会经济地位、教育、职业等方面的信息吗？这些人在这个环境中是如何安置的？他们做些什么？他们之间的关系如何？他们的活动是怎样组织的？事件的发生有顺序或模式吗？他们的信仰是什么？显然，特定的研究环境可能会引出许多其他特定的研究主题。

例如，海雅诺（Hayano，1982）研究扑克牌玩家的早期现场笔记，都是在参与观察时匆忙记下和信手涂画的。他常常花好几个小时的时间奔波于一些扑克游戏场所。最后他决定利用这段路途上的时间更有规律地、全面地、系统地对着录音机口述对现场的观察。同样阿尔施莱德（Altheide，1976）也用录音机记录对电视新闻制作所进行的观察。历经了一天的参与观察之后，他口述所发生的事情，听取自己的汇报，突出当时看起来是重要的事情。我（Jorgenson，1979）对神秘主义者进行了一天的参与观察之后，总是在晚上花几个小时用打字机整理现场笔记。和海雅诺一样，我早期的笔记既没有规律性也缺乏系统性。在做笔记时，我把观察与经验的描述和自己长篇的分析混在一起，不懈地探求聚焦和提炼所要研究的问题。尽管我的笔记非常粗糙，但是却很像一篇研究报告，因为里面包括了许多理论探讨和资料。

中心议题及问题

进行现场研究之后不久，你得开始发展优先考虑的问题。这些问题将引导后继的参与和观察。在你试图聚焦和提炼研究问题的同时，这些问题也在不断地变化。在任何特定的时间，你都应该能够确定特定的议题或特殊的研究问题。无论这些问题是什么，你应该努力将笔记的内容集中在它们上面。

至少在你对所研究的问题有了明确的重点时，只要时间、精力和能力允许，你就应该努力如实地做全面记录。在做笔记的过程中，不要担心灵活性和想象力。有时你会发现这样做是有益的：从一个简单的想法或问题开始，看看它会把你引向何处。有些问题往往在某个时刻显得并不特别重要，但到后来变得十分重要或发展成为需要收集的重要资料。

做笔记不仅非常重要，而且还格外耗费时间。你在现场工作一个小时，得花上两三个小时或更多的时间来描述和分析你的体验和观察（手写记录时就更是如此）。虽然你不应忽略现场的观察，但是笔记和观察之间乃是高度相关的。把你观察的内容记录下来，可以帮助你澄清和整理思绪，常常能为你以后的观察确定曾被忽略了的重要目标。反过来，在这些认识的基础上进行现场观察，又为记录、分析及后继的观察提供了新的材料。

随着研究的主题和问题得到了更加清晰的界定，你的笔记应该集中于更有条理地详述所要研究的问题。你必须相当准确而详细地记录每天的观察、随意的交谈、非正式的访谈，尤其是较为正式的访谈。和所有的现场笔记一样，这些观察应该与现实的状况，特别是与你所接触的人们的语言密切相关。任何时候，与局内人的对话都要力求提供文字的甚至是一字不漏的记录。例如，我用录音机原原本本地记录下了一次塔罗牌算命的过程。这些录音材料是后来分析神秘主义占卜的基础（Jorgenson，1984）。

在有些情况下，你被迫依靠自己的记忆力。通过练习，你会变得越来越擅长如实地回忆事件发生的顺序、对话中的语句，甚至人们使用的行话。回忆最好在现场工作结束之后的几分钟或几小时内进行。在长篇笔记完成之前，有时先做少许记录，然后再做其他事情（如睡觉）比较好。在你完全专注于现场观察的情况下，这种做法特别有效，因为事情发生过后一小段时间反而会使其在人们的头脑中呈现得更加清晰。但是不要等得太久，因为一两天之后，你会忘记多数观察经验的细节。在回忆现场的经验时，要把你的思绪带回当时的情境之中，做笔记时用想象重构事件。

向某人述说所发生的事情也可起到同样的作用。拥有愿意定期听你讲述的朋友、合伙人、同伴、配偶、同事或顾问，是非常有益的。和你所研究的人们进行讨论也是特别有益的，只要他们肯发问和提出相关的话题。以这种方式，你会发现一些被忽略了的或没有注意到的问题，重新评估你已经习以为常的一切，或者得到一个机会检验你的直觉和猜测。例如阿德勒夫妇在参与观察毒品交易和分析相关资料时，花了许多时间与他们的顾问道格拉斯讨论（Adler，1985；Adler and Adler，1987）。在兰波（Rambo，1987）对脱衣舞女进行参与观察期间，我每星期花五个小时以上的时间听取她的汇报。

海雅诺（Hayano，1982）在对职业扑克牌玩家进行了广泛的参与观察之后，开始集中观察并记录研究现场的环境特征。他起初将以下一些主题作为研究的中心活动和议题，例如扑克牌玩家如何选择牌室和游戏，他们如何定义其他玩家、游戏策略、游戏规范、幸运与不幸的概念等。他的笔记随后旨在用局内人的普通语言描述这些活动的种类及其活动本身。换言之，海雅诺仔细听取局内人的谈话，用他们的语言记录扑克牌游戏最重要和最不重要的方面，以及玩家赋予这些活动的意义。在研究现场，桌面上的公开交谈比比皆是，这是海雅诺观察和记录的基础，因此他只对人们进行了很少的正式访谈。

当普雷伯和米勒（Preble and Miller, 1977）着手研究大规模的美沙酮持续治疗计划对吸毒者生活的影响时，普雷伯和凯思（Preble and Casey, 1969）对女性吸毒人员已作了长期的参与观察。因此，他们对将要研究的基本问题和主题非常明确。除了对城市吸毒者亚文化感兴趣之外，普雷伯和米勒还使用参与观察法收集人口学方面的资料：他们在所研究的地区按街区逐个统计吸毒人数，记录他们的年龄、性别、族群和习惯。由于从一开始他们就有兴趣收集这方面的具体资料，因而他们所做的记录显示出高度的确定性。在记录从参与观察和各种形式的访谈（随意的交谈，与关键的信息提供者的正式访谈，生活史）中获得的具体信息的同时，他们对发现新的街道生活模式保持开放的态度。当你要收集确定的资料时，可以为此拟定一个记录大纲，同时使用更自由的方式记录预料之外的发现。

感受、直觉和印象

参与观察者发现记录他们对研究现场和收集资料的个人感觉和印象非常有益。哪怕只是出于治疗的目的，记录你的兴奋、成功和主要成就，以及你的害怕、担心、错误、不幸等，都是非常有益的。记录你的猜测、直觉、怀疑、预言、忽略的领域以及随后必须研究的主题，也是十分有价值的。有关这些内容的笔记对判断你的研究过程、开展以后的现场工作、初步评估所收集的资料，具有极其重要的价值（Johnson，1975；Glazer and Strauss, 1967）。

记录的技术

参与观察的记录有几种不同的技术。现场工作人员发现纸与笔在某种程度上非常有用，但是一些机械技术，如打字机和日益普及的文字处理器已经成为现场记录的主要工具。无论是记录现场的谈话或事件的实况，还是作为做笔记的工具，录音设备都具有极高的价值。摄影也是保存所研究的人员、物件及场所的真实形象的极好方法。音像技术使研究者能够永久性地记录事件的声音和图像。

纸与笔

当你需要简略地记录某事时，纸与笔是有效的工具。在多数研究环境中，都有可能做到不引人注意地迅速完成一些书写记录。在不可能使用个人手提电脑或录音机时，通常都可以使用纸与笔来做记录。

纸与笔虽然不可或缺，但其使用却有较大的局限性（Whyte，1955）。与机器打印相比，手写笔记字大、较难辨认。即便你会速记，也极难完成一字不漏的记录。手写笔记在进行严肃分析时往往需要转换形式，这一般意味着要花几个小时打字或对其进行文字处理。

在需要某种记录工具而又不可能使用其他技术时，通过纸与笔来做手写记录便派上了用场。如实地记录谈话使用录音机比较好，它的工作效率也更高，因为说话比书写要快而准确。但是为了进行有效的分析，手写记录和录音记录都必须经过文字处理。有可能的话，你应该优先考虑使用文字处理器，这样可以节省许多时间。

录　音

录音是极好的记录方式。录音机容易得到，相对便宜，操作简单。标准的盒式录音机和普通的平装书一样大，在研究现场特别好用。对于高度隐蔽的现场工作，可用微型盒式录音机。目前尚没有比录音机更好的办法记录有声互动，特别是访谈。

录音机会引人注意。阿尔施莱德（Altheide，1976）就不用录音机记录与电视新闻工作者的随意交流和访谈，因为他们的种种表现有可能只是为了录音。在有些情况下，录音机的出现并无妨碍。在短暂的一段时间之后，人们就会忘记录音机在转动，或者把它的存在看作理所当然。完全没有提及正在从事的研究，我成功地把录音当作互动的一部分，并把用塔罗牌算命的内容录制下来。治疗过程、有组织的集会、讲座等诸如此类的活动一般都可以进行录音。

在许多现场工作的环境，都可以选用录音机来代替纸与笔做记录。你可以一边参与一边录音，或在中途休息的时候录音，还可在现场观察刚刚结束后不久进行录音。例如，在对社会福利组织进行参与观察研究期间，约翰逊（Johnson，1975）就使用了上述所有这些录音方法。

尽管使用录音机做记录有这么多的优势，但无论是用于分析还是阐述，录音带最终还是要转换成文字稿。如果另外雇人做这项工作，既耗时又花钱。在决定是否使用录音机的时候，你应该考虑这个弊端。你很可能发现，即便决定限制录音的范围和程度，但为了某些确定的目的，使用录音机还是非常划算的。

电　脑

打字机可以用来制作现场记录，但是这一工具已经完全被电脑取代了。运用电脑的文字处理程序，你能制作现场记录，进而整理归档，并且分析性地处理这些档案。几乎任何电脑都很有用。便携式电脑极大地方便了在研究现场的活动（Kirk，1981）。如果你还没有使用过电脑，几个小时之内你就能学会使用它作记录。通常可以把不同的电脑连接起来，于是，你能和家里、办公室、合作者、同事、学生及导师取得联系。为了制作现场笔记，电脑里面必须安装文字处理软件（Conrad and Reinhartz，1984）。文字处理软件能够帮你制作记录，用档案的形式处理好资料。一旦完成了输入，你就可以为某个特定的分析目标对资料进行复制、编排以及其他的操作。

摄 影

在必须具有或希望得到如实的图像记录时，摄影仍然是极佳的方式（Bateson and Mead，1942；Collier，1967；Hocking，1975；Bellman and Jules-Rosette，1977；Becker，1981）。虽然摄影记录本身是不完备的，但它能够使现场研究更有效率并且质量更高。摄影能够有效地捕捉现场的位置和环境，对现场几个小时的文字描述可以压缩为几分钟的摄影。这些记录有时可以为后继的分析保存重要的但不太显眼的细节。和录音机一样，根据环境的不同，照相机有时非常引人注意，有时则没有妨碍。

照相机是视觉的延伸。相片反映了使用者的文化，如人们决定拍摄什么，怎样取景和聚焦等。虽然一张照片反映了使用者的社会文化观，但它却仍是一个有用的工具：它进行了机械的记录，它不会疲倦，并和文字或书面记录一样，可以进行比较、分类、分析和解释。尽管摄影不能成为记录的最主要来源，却往往是进行记录的一个不可或缺的辅助工具。除了记录物理环境的可视细节之外，摄影特别有助于记录非语言的人类互动及场景（Bateson and Mead，1942；Hall，1959，1966，1976；Birdwhistell，1952；Vesperi，1985）。拍照有时是与当地人建立融洽关系的极佳方式。换句话说，人们往往乐于把自己的形象拍摄下来。拍摄时，应先从公共场景开始，然后再拍摄比较私人性的环境。

录　像

近年来，使用音像设备（电影胶卷或录像带）来做参与观察的记录已经成为一种现实。与静态的照片不同，这种技术可以记录位移和行动状况。在参与观察研究中使用摄像机具有录音机和照相机的一些共同缺点。在多数情况下，录像都非常引人注意。但声音和图像的记录对人类互动的微观分析特别有帮助。

在正常的人类互动过程中，即便有多个观察者，也很难准确地记录人们在复杂场景中的位移和行动。录像则可以制作相当精确和详细的记录。如有必要，这些记录可进行反复的分析。与静态的照片一样，动态的图像记录反映了使用者的观点。这项技术被有效地运用于记录宗教仪式（Jules-Rosette，1975）、学校儿童之间的互动（Mehan，1974）以及其他领域的相关活动（Bellman and Jules-Rosette，1977）。

记录和档案

适用于参与观察法的记录有许多不同的形式。现场笔记和记录的形式就包括事件进程表、事件日志、个人日记、现场工作志，以及研究成果草稿等。参与观察者可以单独使用一项非常简单的技术，或者同时使用某些不同的技术，混合使用各种笔记、记录以及制作分析性材料的策略。应该尽可能尝试不同的适合于研究问题和现场的策略，试验不同新的组合及形式，以找到最适合自己的方式。

你需要以某种固定的方式记录每天的活动，事件进程表比较适合于这个目的。可以用一个预约本或工作时间表定期作些简短记录。有些参与观察者则喜欢采用日志的形式进行比较具体的记录。和工作进度表一样，日志是流动的，按时间顺序记录现场工作。与工作进度表不同，它是对现场观察和体验的较为具体的记录。

传统上，参与观察者都写现场工作志，它一般是工作进度表或预约本和日志的组合，可能包括访谈结果以及个人感受和预感的笔记。换言之，现场工作志是现场体验和观察的相当好的综合记录。

尽管很少讨论，一些参与观察者坚持做现场笔记，把它当作研究成果的草稿。草稿和普通笔记大不相同，因为草稿中的资料被视作分析问题框架的一部分。现场笔记一般都按时间、日期、环境、特定的观察和体验来组织，但是草稿却是围绕着理论主题来撰写的。

大多数参与观察者可能在实际的现场工作结束之前就开始撰写研究发现，不管他们是否将这些草稿视为做笔记、制作和处理记录、进行初步分析和解释，以及交流研究成果的一种形式。这个过程是非常有益的，因为它有助于揭示研究资料中的疏漏，为进一步的调查研究锁定了范围。然而草稿本身并不适合代替有规律的系统的现场记录。

最后，无论什么形式的笔记和记录，都必须转换成一种适于分析和解释的形式。过去，参与观察者耗费许多钟头甚至几天来建立档案，其中不少是为了分析而制作的副本（Whyte，1955）。随着现场笔记的积累，应该对它们进行分类、转换和整理，以便聚焦和提炼所研究的议题和问题。编码、调整、保存和管理包括现场笔记和记录的档案是件枯燥的工作，可以交给电脑进行有效的处理。文字处理器可以在输入这些资料之后，再多花一丁点时间和精力复制出多份笔记，并可用许多方法管理这些资料。至于资料的分析和理论化，则是下一章的内容。

小　结

本章讨论了制作笔记、记录、档案的方法和技术。应该以一种或几种方式定期简要地记录现场活动，还需要更系统更全面地记录观察、个人体验、随意交谈、访谈以及其他一切在研究现场发生的可能的重要事情。制作笔记和记录是参与观察整个方法的一部分。通过做记录，可以整理思绪，从不同的角度看待研究发现，进而修订计划，收集后期资料。你可以使用纸与笔、录音机、照相机或电脑完成记录。电脑特别有助于组织和管理现场笔记和档案。

练 习

1.选择一个观察现场，最好是能观察许多行为的现场。找一位朋友或同学合作，对研究现场进行观察并做记录（最好与两个或更多的人合作进行这项工作，但是一人也可以同时扮演两个角色）。其中一人专司观察，另外一位一边观察一边对发生的事情做记录。两三天之后，让专司观察的那位撰写记录。对照比较这两种方法，它们有什么不同？哪一份记录更好？如果更好，好在哪里？

2.选择一个观察现场（学校、银行、公园、酒吧、法庭或诸如此类的场所），进行短暂的参与和观察，并做记录。采用几种不同的记录方法，如纸和笔、录音和摄影。对照比较制作记录的过程，讨论相关的优缺点。

3.对你的日常生活经验（以你生活的某个特定方面为重点，如学校、家庭或工作）记流水账或写日志。描述并讨论你是如何做的，尤其注重说明你所遇到的困难以及你是怎样克服这些困难的。这个练习与参与观察有什么联系？

4.挑选一篇或一本举例说明参与观察法的文章或书籍。考察其中制作笔记和档案的方法。这些方法有效吗？为什么？你会采用其他不同的方法吗？

第 8 章
分析和理论化

本章探讨和阐述从参与观察法的角度对资料进行分析和理论化的原则与过程。介绍了对现场观察资料进行编码、存档、分解、编排、整理、理解的策略。批判地考察和探讨了不同的理论和理论化的概念。

分析的循环

分析就是将研究资料解剖、分割和拆散成为片断、部分、要素或单元。将事实分解成为易于处理的部分，研究者对其进行分类和筛选，寻找类型、种类、顺序、过程、模式或整体。进行这种处理的目的是按照有意义或易于理解的方式对资料进行整理或重组。理解资料的过程，就是将资料理论化（theorizing）——组织事实并建构有意义的模式。理论就是以一种解释或阐释的方式整理事实。

从参与观察法的角度看，分析和理论化是较大研究过程中的一部分。收集资料，尤其是以笔记和档案的形式收集资料时，已经进入了分析的循环圈。在研究的早期阶段，一般注重现场的进入，建立和维持与现场中人们的关系、参与、观察并收集资料，同时尝试对资料进行分析和理论化。这时分析的重点是揭示特定的研究主题或提炼研究问题。当研究主题和问题变得更加明确时，收集资料便成为基本的活动。当你积累了一定的资料并着手分析时，收集另外的资料一般就不那么重要了，而是让位于逐渐增强的资料分析。

编码和归档

将研究现场的原始记录进行整理、重排、编码、存档，会极大地促进资料的分析。应该定期审查记录，只要它以某种特定的方式与研究主题有关，就要随时确认和标明。你收集资料和制作记录的理由，为辨别和标明这些资料是某个种类、类型的一员，或与某个顺序、过程和模式相关提供了基础。换言之，你必须具体说明一个或一组事实怎样与你正在研究的主题相关。事实并不会自己做出解释！事实本身没有意义，只有在你应用的某个知识背景或体系中，事实才具有意义。可能存在的意义范围最终是有限的，但是同样的资料经常有几种可能的解释。你要打好基础，以便在几种不同的解释中做出选择。尽管每个人的研究主题、问题、框架等具有很大的差异，但为现场笔记的编码（coding）和标注（labeling）提出一套有用的建议还是有可能的。

其中一项分析策略是用所研究现象的基本组成来辨别和标明它。这样做，你或许能够确定哪些部分对于该现象是基本的。例如，你能找出构成某个现象的特征、片断、组成部分或要素吗？有可能确定和标明组成要素吗？这些部分重要吗？如果你去掉（也许仅仅只是一种假设）某现象当中的一个特定要素，它会有所改变还是保持原样？如果有所改变，会牵涉到什么？以一种信仰或观念为例："女人比男人优秀"，"不良的家庭导致青少年犯罪"，"美国人比其他国家的人优越"，你是否能借助主要资料（人们的言行）来确定这些观念的基本组成。丹瑞尔（Damrell，1977）在一项有关通过印度教（吠陀哲学Vedanta）追寻精神意义的参与观察研究中，就广泛地应用了这种考察现象基本特征的分析策略。

另外一个分析策略是在事实中寻找模式和关系。简单地说，你所分析的事实构成了某种可以识别的模式吗？如果是，在特定的信息片断之间具有什么联系或关系？考察以下问题往往是很有帮助的：所研究的现象是否是某个较大事件或过程的一部分，哪些地方适合于或不适于这个较大的系统。

例如，斯普拉德利（Spradley，1970）发现流浪汉（城市酗酒者）把坐牢的经历（称作造桶）当作一种仪式，它由一些特殊的阶段构成。"造桶"的过程包括：①街道（偷窃）；②电话亭（被警察搜查）；

③囚车（逮捕）；④电梯（被警察审讯）；⑤登记处（搜身）；⑥醉酒者的护垫牢房（禁闭）；⑦X光、面部照片、指纹室（侦讯）；⑧酗酒者的水泥牢房（拘留）；⑨备审案件卷宗（候审）；⑩审判室（判刑）；⑪拘留室（囚禁）；⑫除虱室（裸坐）；⑬ⓐ自律牢房（违规）；⑬ⓑ禁闭室（关禁闭）；⑭登记处（出狱）。

　　还有一个有价值的分析策略是对照和比较。所研究的事实与另一现象是相同还是相似？它与其他事实不同吗？辨明现象的异同一般能够使你将事实按种类、类型或组别来进行整理。在此基础上，你可以应用此种类型学进一步分析其他现象，还可以研究你所确定的这些类型与其他形式之间的关系。换言之，在这些事实的种类之间具有某些联系或关系吗？

　　例如，曼宁（Manning，1980）在缉毒警察中发现了两种差异很大的管理毒品缉查的类型：以组织为中心的管理类型与以缉查者为中心的管理类型。每种管理毒品缉查的形式都通过一系列形成对照的特征来区分，如是否需要书面记录，是否正式立案或结案，是否有可能计算破案率，对"线人"的使用需要谁的批准或监督，等等。

　　进行分析时，询问不同的问题并以不同的措辞来提问，是很有帮助的。比如，先以肯定的形式提问，然后再转而用否定的形式提出同样的问题。举例来说，斯普拉德利可能会问：有多少"造桶"的方法？或者问：我所考察的这些资料中哪些不属于"造桶"或者与"造桶"毫无关系？另外，用不同的顺序或逻辑来提问，有时也是很有帮助的。曼宁可能会问：毒品缉查是怎样有组织地完成任务的？毒品缉查的步骤是什么？或者问：缉毒工作之间具有怎样的区别？

　　起初对笔记的编码和标注一般需要使用简单的词或词组来给不同部分的现场资料做记号，随着对研究问题的聚焦和提炼，编码的总体框架会很快形成，使用起来效率会更高。换句话说，编码或关键词会得到更加准确的界定，你可以在它们之间建立联系，在对研究资料做标记中开发更便捷的方式。对现场笔记进行编码，在你回顾和应用这些资料时，最终会使你对相关主题进行更详尽的探讨。

分类、筛选、建构和重构

编码将引导对资料的分类、筛选、组织和重组，通常会形成较大的单元或组成部分。有时我们依赖瞬间的灵感来决定将某些事物组合在一起，而其他时候则无需戏剧性的灵感，只要凭借一定的努力就够了。某种顺序或过程显露出来了吗？你能弄清概念之间的联系或关系吗？

在探索资料组织的不同方式时，你会发现查阅或重温与所研究的问题相关的现存文献和理论是很有帮助的。例如，当海雅诺（Hayano，1982）开始将他的资料与现存文献和理论进行比较时，他完全融入了职业扑克赌客的世界，沉浸在深度地观察和描述局内人的意义和经验世界之中。在处理神秘主义资料时，我（Jorgensen，1979）发现在分析过程中出现了不同的主题，这时就有必要重新查阅文献。尽管查阅现存文献十分重要，但是你不能受他人的束缚，要发挥自己的想象力！通过分析资料而获得发现是需要创造性的。

质性资料的分析是辩证的：资料被打散成为要素和组成部分；考察这些资料的模式和关系，有时要和源于文献、现存理论、现场工作中的灵感或常识性的怀疑等的想法相联系。带着某种想法将资料重新组合，对特定问题提供解释或说明；然后再对这个综合性材料进行评估和批判性的考察；它可能被接受也可能被完全拒绝，或者得到一定的修正。通常要不断重复上述过程以便进一步检验所获得的理论概念，扩大它的概括性，或者增强它的实用性。

在对神秘主义进行实地研究的初期，我（Jorgensen，1979，1982，1984）通过分析实地资料，识别了三个不同的地方神秘行当从业者及其群体的网络。很久之后，我对塔罗牌算命人进行了深度访谈。在分析访谈资料时，我运用了先前对当地社区中神秘主义者的划分概念。我认为如果这个概念正确的话，就有可能在这样的环境中找到塔罗牌算命人的位置。虽然按照这种概念确定塔罗牌算命人的位置是可行的，但是"凡事总有例外"，那些例外的存在使我质疑这个概念框架的某些方面。最终根据访谈资料，有必要对这个框架进行重新思考和修正。因此，深度访谈资料运用（并检测）了所获得的分析框架（神秘主义者称之为"神秘社区"的三个不同取向的思想体系）。反过来，访谈资料修正了原先的分析框架，澄清了社区、网络及意识形态的概念，也澄清了这些组成部分在神秘主义者的日常生活中相互联系的方式。

理论和理论化

在分类、筛选、整理和重组资料（包括分析式标注），并对它们进行评论时，越来越有必要更加直接而明确地从事理论和理论化的工作。参与观察法涉及几种不同的理论和理论化形式，包括分析归纳法、敏感化概念、扎根理论、存在主义理论和阐释学（或释义性）理论。

分析归纳法

兹纳尼茨基（Znaniecki，1934，1952，1965）提出了一个极具影响的通过"分析归纳"程序建构理论的概念，他（1935，pp. 259-

260）把这个程序总结为四个步骤：①确定特定一类事实的基本特征；②概括这些特征，假设较为基础的特征更为普遍，并以更多的形式存在；③通过研究包括两种特征（较为基础和不太基础）的事实类别，检验上述假设；④在确定特定的形式时，以这些特征的功能为基础，将这些类别整理成一套系统。简单地说，分析归纳法是通过抽象对资料进行概括。这一点非常重要，因为兹纳尼茨基（Znaniecki，1934，pp. 213-248）反对通过计算某些现象出现的频率，尤其是运用统计数据来进行归纳概括。

对于兹纳尼茨基（Znaniecki，1934，pp. 16-21）来说，解释是通过对一个理论系统中几个部分的概括而形成的。这些解释可能是因果式的、功能式的或发生式的。发生式解释涉及系统的起源或新形式的出现。在有限的系统中，组成部分的内部秩序可以通过要素之间的功能性依赖或相互依赖来解释。因果式概括适用于系统历经变化，不能由内在的动态秩序来解释的情况。几代社会科学家都一直运用分析归纳法建构理论（例如 Angell，1936；Lindesmith，1947；Cressey，1953；Bruyn，1966）。

敏感化概念

布鲁默（Blumer，1954，1969）提出了所谓"敏感化概念(sensitizing concepts)"的理论观点。操作化的定义和测量可能产生技术上的精确，但是它们往往歪曲经验世界，使之变得浅薄平庸，与经验的现实缺乏真正的关联。布鲁默（Blumer，1969，p.143）指出："理论在经验科学中的价值仅仅取决于它在何种程度上充分地与经验世界相联系。"理论的目的是产生分析经验世界的框架。与操作化方式定义和测量的概念不同，敏感化概念是通过提供实际的经验性个案所表明的暗示和建议，让它的使用者意识到经验世界的一般特征。理论可以作为研究的有效而实用的向导。

敏感化概念需要使用者仔细地考察现象的独特性以及它在自然的环境中与其他现象的联系。通过考察，概念得到了检验、改进和修正。敏感化概念的有效性通过对经验个案的仔细研究而得到证实。例如，一位参与观察者在日常生活中可以准确地考察理论观点在何时、何地、何种程度上能够得到应用。这样，概念不仅使学者们对人类存在的现实变得敏感，并且在经验上可以得到检验、证实、修正或否定。

扎根理论

与布鲁默一样，格拉泽和斯特劳斯（Glazer and Strauss, 1967）都非常关注理论与研究之间的联系。他们的方法被称之为"扎根理论（grounded theory）"，它依靠参与观察法（参见 Schatzman and Strauss,1973）和一种旨在归纳性地建构理论的比较分析法。他们"不断比较的方法"包括四个阶段：①比较适用于每一概念范畴的资料；②整合这些范畴及其特性；③界定所获得的理论；④用文字把理论表述出来（Glazer and Strauss，1967，pp. 105-115）。

第一个步骤要求分析者尽可能多地使用分析范畴或概念范畴给资料的每个部分编码。这些范畴来自于所研究的问题以及参与观察中产生的观点。已被编码的资料也要跟先前完成了编码的资料在相同和不同的范畴内进行比较。比较可以建立每一范畴的理论特性（构成该范畴的要素）。

第二个步骤涉及努力整合概念的范畴及其特性。在使用可能的概念范畴分析、比较资料的各个部分的同时，注意力要从注重事实和范畴转向考虑范畴的特性和进行范畴之间的比较。分析者应该开始认识这些范畴在较大结构框架中的相关状况。

第三个步骤是开始对新理论或理论主张进行实际界定和具体说

明。当分析者进行编码、比较、识别概念的特性以及观点之间的联系时，便获得了一个经过整合的基本的解释性框架或理论。然后，用资料来检验新的理论，这最有可能导致进一步界定和修正基本概念范畴以及他们之间的联系和关系。分析者一旦发现已有范畴能够处理多数或者全部相关的经验事实，这就证明这些范畴拥有自己的用途和效力。

第四个步骤是用文字把理论表述出来。为此，分析者应该拥有全套的编码资料，和对概念、特性以及它们之间的关系的分析性描述。陈述新的理论需要审核、描述、总结这些资料，以得出研究问题的答案（在研究过程中得到修正的答案）。

存在主义的真理和理论

存在主义的理论化强调研究者的位置是观察内容的关键（Johnson，1975；Douglas，1976；Douglas and Johnson，1977；Douglas，Rasmussen，and Flanagan，1977；Adler，Adler，and Rochford，1986；Kotarba and Fontana，1984；Adler and Adler，1987）。这些思想家认为，"常识"是创造性地发展那些旨在获得关于人类世界的实用性真理的方法、策略和程序的基础。通过直接观察和经历所发现的真理成为解释性的概括，而不是完全的或形式化的理论。分析涉及上述的许多程序和技术，但是却不必局限于这个程序。存在主义者有效地运用小组汇报和头脑风暴法，作为批判性地审查和分析现场资料的一项策略。

阐释学理论

另外一种建构理论的观点倾向于学术性的描述和阐释性的理解（hermeneutic understanding）(Bruyn，1966；Geertz，1973；Cicourel，1974；Goffman，1974；Agar，1986；Clifford and Marcus，1986）。人类世界包括与具体历史时期密切相关的特殊生活方式，将这些方式看作不同的文本或整体，用提问的方法形成理解性的概括。换言之，分析者对问题进行学术阐述时，把资料看作是展现人类生活的形式，通过提问加以考察。对特定研究对象的（审慎）考察和研究可能会形成某种解答，更可能导致提出更深层的问题（Thomas，1983）。

一种信仰、习俗或整个的生活方式，通过提问—解答的过程得到阐明。如果还想得到进一步的概括，则需要就该文本提出补充问题并将其与其他文本进行比较。由于研究者和研究文本都是历史的一部分，不可能有普遍的模式、规则或定律。每一则概括都是旨在理解的解释，但解释不是绝对的或完整的，解释是对理解和启蒙的无止境的追求。

例如，假设你对占卜行为很感兴趣，你可能会直接观察它们或查阅先前的研究成果。为了建构研究问题，你会考虑到不同的理论观点，如从事这个行当的人可能是精神错乱，或者是经济、社会地位上受到剥夺，或者是想追求生活的意义。考察这些行为本身或许就能发觉现存文献中没有的问题。分析占卜行为，可以对这些行为的社会文化环境，从事占卜的人员，以及构成占卜行为的人类互动等提出基本问题。对这些问题的解答会引发更大的研究兴趣，除了暂时获得较充分的解释以外，对问题的解答其实并没有明确的终点。如果有必要或者希望得到更进一步的概括，你还可以把占卜行为与心理治疗或科学预言进行对照和比较。尽管这样会满足某种知识上的好奇，但是在绝对的意义上，这种认识占卜的方式和诠释其意义的方法仍然无法使我们完全满意或得到满足。

小　结

本章描述并阐明了对资料进行分析及理论化的原则和步骤。分析始于参与观察者在日常生活环境中对资料的搜集和对研究问题的思考。分析要求研究者对现场笔记进行编码和标注——对资料进行分类、筛选、组织和重构。分析策略包括寻找基本特征、模式、关系、过程和顺序，构造类型和类别，进行对照和比较。分析直接形成对现场资料的理解和理论化。理论和理论化具有不同的形式，包括分析归纳、敏感化概念、扎根理论、存在主义理论和阐释性理论。

练 习

1. 确定一个可行的研究问题（如在公共场合人们怎样与他人接触；中学生辍学的原因；少女怀孕的影响因素；战后退役军人重新适应社会生活的问题），并选择一个研究现场（如公园、酒吧、购物中心、中学、老兵中心）进行观察。观察几个小时并做笔记。给笔记编码，找出相似、不同、基本的特征、类别、顺序等。

2. 找出几个参与观察的案例（从第一章练习中罗列的参考书或学术期刊中寻找）。具体说明其中所用的分析资料和进行概括的方法。该方法的利弊是什么？你会采用不同的方法吗？为什么？

3. 从文献中确定两个参与观察的案例。案例中采用了什么方法进行分析和理论化？讨论使用这些方法的利弊。

4. 选择一个观察的主题，说明你将采取怎样的分析和理论化的方法。你偏爱某种特定的理论化的方法吗？为什么？

第9章
撤离现场和交流成果

本章讨论参与观察的最后一个阶段，即撤离研究现场并把研究成果撰写出来。描述了撤离现场的不同经验，并提出交流研究成果的建议和策略。

撤离日常生活现场

从参与观察的日常生活现场中撤离通常是个程式化的过程。由于你的工作重心从搜集资料和如实记录，转移到建立档案、分析研究发现和进行理论化，你在研究现场的工作时间极大地缩减了。撤离研究现场有多种不同的原因（Maines et al., 1980），例如研究目的已经达到便是其中之一（Spradley, 1970; Fine, 1987）。

限期的实地研究由于可获得的资源或期限的缘故，从一开始就做好了计划安排。根据事情发展的状态，实地研究可以重新协商和调整时间的长短，对于评估研究和外界资金赞助的研究项目，这种情况时有发生。赫伯特（Herbert, 1986）完成了两项美国教育创新计划的评估。曼宁（Manning, 1977, 1980）对英国警察的实地研究，部分地由于外界资金不足而受到限制。朱尔斯－罗塞特（Jules-Rosette, 1975）在非洲的实地研究，也由于支援边远地区的可获资源的缺乏而受到限制。

开始时，参与观察者往往承诺无论需要多久，都愿意留在现场。例如，我对研究美国的神秘主义所需的时间没有确切的预见，我希望利用这个为期三年、四年、五年甚至更长时间的项目来完成我的博士论文。在有些案例中，实地研究的主题就是或者成为了研究者毕生专注的事业，这可能导致周期性的收集后继资料（Mead, 1923）。无论是否计划进行更加深入的研究，要结束和当地人的关系是很困难的，特别是已经与他们建立并且维持了长时期的亲密友谊（Maines et al.,1980; Roadburg, 1980; Snow, 1980）。

非预期的干扰性因素可能会影响，甚至终止研究。出于多种原因，如个人的健康、安全、动机和关系，参与观察者可能会决定结束研究。或者由于研究现场中的日常生活事件，如研究对象或事件的变故，个人或群体之间的冲突，相互关系的恶化，缺乏和谐一致性，受到较严重的排挤或参与观察的许可被收回等，都可能导致研究的终止。尽管我已逐渐从神秘主义的研究现场中撤出，但是真正的最后结束是我在另外一个州担任了大学教职之后。非洲政局的改变让朱尔斯-罗塞特离开了研究现场。在大多数情况下，做出撤离现场的决定背后都有各种复杂的原因（Altheide，1980）。

即便在撤离了研究现场之后，参与观察者或许还会周期性地回去拜访朋友，甚至从事进一步的研究。曼宁（Manning，1977，1980）和朱尔斯-罗塞特（Jules-Rosette，1975，1984）都长期从事实地研究，有时针对的主题是相同、相似或相关的，有时则是完全不同的。我与神秘主义社区中的好友和线人保持着定期的联系，但是多年来并未在该现场从事任何新的研究。怀特（Whyte，1955，1984）报告说多年来一直与街角社会的成员进行接触。丹瑞尔（Damrell，1978）多年来与他研究的宗教团体的成员保持着时断时续的联系。他对该团体的涉入导致了其后对另外一个宗教团体的参与观察研究（Damrell，1977）。他的研究报告并未表明，他的研究著作出版后他对该团体的参与即告终结。

撤离现场是一种情感体验，而长期和深入的参与强化了相关感受。撤离也许是一种解脱：现场工作是艰辛的，高要求的，消耗激情的，即便大多数时候是愉快的经历也一样。研究者通常都期盼撰写和交流研究成果。撤离现场也许是一种巨大的解脱，尤其是当现场工作变得不甚愉快时。参与观察者有时憎恶现场工作的某些方面，或不喜欢甚至仇恨具体的个人或情境。除非恰当地控制这些感情，提前撤离现场是不可避免的。撤离现场的体验往往包含喜悦、解脱、遗憾甚至悲伤。

几乎没有什么理想的撤离现场的时间或方式。有些问题仍需解答，还剩下一些尚未完成的事情和尚需探究的事件。通常我们会想念一些人（包括朋友）。一旦完成了对基本研究问题和主题的探讨，就可以撤离现场了。撤离现场最好是控制在一段时间中进行，这样每个人都能为参与观察研究的结束做好准备。最终你会把较大部分的时间和精力用在记录和存档上，用相当少的时间来维持与现场的关系和收集资料。在许多情况下，这个转折是逐渐进行的，是随着分析资料和撰写报告工作的开展而自然出现的一个过程。

交流研究成果

研究成果的撰写在现场工作阶段即已开始，它一直持续着，而一旦撤离现场，则以更加紧迫的方式加速进行。写作可能会持续几年。必须撤离研究现场才能赢得足够的时间，并且和研究问题保持距离，进而有效地报告研究发现（Altheide，1980）。

撰写过程

你的研究成果需要表述什么，取决于你的报告对象。写作是修辞术，它所追求的是确认、说服、辩论和证明。对于外行人士，如普通的公众，你必须仔细地清楚说明哪怕是最显而易见的观点，避免专业术语，要运用通俗的语言。对于圈内同行，你只须说明最突出的中心内容，可以省略许多常识甚至背景理论。许多时候，你对报告的对象不甚了解。但是如果你能预设，必要时可以想象你所要交流的对象，那么写作则会变得容易多了。

写作是一种思考形式，不是简单地展示研究发现的机械过程，所以可以有许多不同风格的写作而不存在一个绝对"正确"的方式。最初，你只是努力把研究发现撰写出来，并不操心怎样去写。在将自己的想法诉诸笔端之前，你都不必在写作方式上下太多功夫。

不幸的是，许多人把写作看成一种具有神奇力量的仪式（Becker，1986）。他们想掌握把观点变成文字、把粗糙草稿变成锦绣篇章的秘诀。根据贝克尔 (Becker) 的观点，这些人不懂得，没有任何一位作家能够一次性地就把文章写好或写完善，甚至努力两次、三次都不见得成功。初期的草稿可以被理解为只是表达潜在的相关观点，而表达的秩序、逻辑和组织都有待通过进一步的研究和后继的草稿来揭示和完成。撰写多个草稿不仅是正常的，而且是必要的。写作是实践而不是空想。

写作是一个过程。它始于用语言的形式表达研究发现，对参与观察者来说，这是通过建立笔记和档案来完成的。下一步是就某个将要进行交流的主题、议题或问题撰写草稿。初期的草稿差不多就是说出自己的想法，因为更多是建议性而不是确定性的内容。你所要探讨的是怎样将具体的观点组织起来，按照怎样的顺序，使用什么模式、视角、模型或理论。初步的草稿会引发其他的观点以及关于这些概念间可能联系的建议。在这个基础上的后来的草稿会进一步发展这些观点，特别是改进表述的顺序和逻辑。没有任何草稿或版本是绝对圆满的，总会存在组织和表达这些观点的其他方式。因此，在你决定把自己的想法拿出来交流，并且无法或不愿再做任何进一步修改的时候，你的写作即宣告完成。

尽管没有一种所谓正确的写作方式，但还是可以提出一些有用的指导性建议。只要参与观察者懂得，写作是制作笔记、分析资料、概括发现这个过程的延续，那么着手写作就不成其为问题。经历这些活动之后，你已经在撰写研究成果上取得了进展。

如果需要进一步整理笔记和档案，提纲会十分有用。然而提纲纯粹只是启发性的方法。你需要一份只是整理观点和论据的提纲。它可以暂时地帮你梳理观点，确定工作的方向。但也要做好超越提纲的准备。提纲可以促使你发展和完善自己的观点，并揭示那些之前没有预想到的事实之间的联系。一份好的提纲很快就能显示其价值，因为如果确实是一份好提纲，它会产生你未曾料想到的新的和各种不同的可能性。一旦你有了某个观点的草稿，写出一份它的提纲是有助益的。提纲可以帮你清理思想，突出（以隐性方式）逻辑，提示遗漏的部分或其他可能组织观点的方法。当你着手撰写一稿又一稿草稿时，写作、拟定提纲、再写作这个过程会富有成效地反复进行。

编辑工作将改进利用草稿交流观点的有效性，这会是写作最重要的一个方面。编辑工作包括重新处理你已经写出的东西，以便更有效、更清晰地与你的读者进行交流。在编辑过程中，你可以删除许多已经写下的内容。一定要删除那些不必要的文字但不要改变文章的基本内容和含义，要把冗长的语句转换为短小精悍的表达，尽可能使用简明扼要的句子。

为了撰写简明有效的报告，还有一些基本的建议。如贝克尔（Becker，1986）建议使用下列原则：

- 尽可能使用主动语态，而不用被动语态。主动语态迫使你明确所要谈论的具体内容。
- 如果一个词够用的话，避免使用两个以上的词。编辑的时候删除不必要的字词。
- 常用词汇一般比不常用词汇甚至专业的技术术语更具沟通力，即便是针对专业同行，一小段行话读起来也要多费一番脑筋。
- 避免重复。最好一开始即简明而准确地表达你的意思。

- 尽量具体明确，不要抽象笼统。
- 使用实例和图表阐明基本观点的含义。实例和图表在陈述参与观察者的研究成果时特别重要，在表达抽象的概念和原则时也极有帮助。
- 慎用隐喻：严肃地使用它们，切忌草率。

报告参与观察的研究成果

由于在某种程度上，每一个项目都是独一无二的，因此，任何一个撰写参与观察研究报告的具体提纲或形式都不可能适用于每一项研究。然而，在完善你的参与观察报告时，使用一般的主题提纲还是有帮助的。

- 尽可能简明地陈述你在报告中将要说明的基本问题。讨论与主题或问题相关的视角、模型、理论和文献。确定和讨论由核心观点和概念所界定的研究重点。
- 讨论研究方法和策略。交代研究现场的特性，以及进入现场、建立和维持融洽关系的过程。描述和参与角色、资料收集、资料分析和理论化相关的策略和过程。
- 讨论主要的研究发现。该部分所涉及的内容依据将要说明的研究问题和主题，以及你所收集到的资料而定。
- 讨论研究发现的意义或代表性。从你的参与观察研究中能够得出什么结论？

不要因为删掉具体材料或者大部分的研究发现而苦恼。在一份特定的报告中，许多资料都不会派上用场，在研究现场收集的大部分资料都不可能写进报告中。参与观察者常常发现有必要把难于整合到报告主体中的资料写进附录、前言、后记或跋语，甚至长篇的注释中去。有些与中心议题和问题相关却不适于融入报告主体的题外话，有时可以放到独立的章节、另一篇文章或报告中去。

从报告的主体——涉及主要研究成果的章节或部分——开始撰写研究报告是有益的。然后再把注意力集中到相关的议题上。例如，没有必要先写导言，除非你确实有内容需要介绍。在考察完研究发现之前，一般是很难讨论资料的收集方法和相关的文献的。

我发现最有效的方法是在撰写基本成果时，在心中记着问题的具体定义，然后再用草稿的形式修改问题的陈述，接着继续撰写相关部分直到认为充分阐明了基本的研究主题为止。下一步，写出摘要和结论部分，再利用它们撰写导言。从导言开始逐步写出报告的每一个后续章节。然后再改写摘要和结论。如果一切进展顺利，这个粗糙的初稿会被不断地修改和润色，直到它成为一份适于向专业人士交流的报告，最后或许会被正式出版。

小　结

在大多数情况下，参与观察研究都没有绝对的终点。参与观察者有时被迫或自行决定撤离研究现场。但是撤离现场通常都是一个程式化的过程，将工作从资料的收集、制作笔记和存档转移到对资料的分析、归纳、理论化，以及撰写研究报告的初稿。离开现场会出现各种迥异的情感，参与观察者和现场的人们可能体验到解脱、愉悦、遗憾、失落和悲伤。也有可能事先计划好撤离现场的时间，通过协商、调适，控制离开现场对你和他人所造成的影响。

写作是一种思考形式。它是资料分析和理论化这个过程的延续，并没有什么特别神奇的地方。一段不受打扰的连续的时间对于写作是非常有益的。预想与你的写作对象进行交流是很有帮助的。写作是将你的研究发现撰写成草稿并不断修改直至最终完成一份研究报告的过程。本章包括了各种一般性的写作建议和交流参与观察研究成果的具体建议。

练 习

1. 从文献中挑选一篇报告参与观察研究成果的文章。以本章中的建议为基础编辑这篇文章。在内容上你会做出怎样的修改？这些修改完善了文章的内容吗？解释你的回答。

2. 就你根据本书介绍的方法所做参与观察得到的研究发现，草拟一份提纲。以这个提纲为基础撰写研究成果的草稿。说明提纲如何帮助你梳理思路，并说明你怎样超越提纲完成了写作。

3. 从文献中选出一份参与观察研究报告，同时选择一份运用其他人类研究方法的研究报告实例。对照和比较这两份报告，探讨它们的基本相似和相异之处。在何种程度上这些不同之处反映了不同的研究方法？

4. 考察参与观察法中报告离开研究现场的经历的有关文献。选择几篇撤离现场的报告，并进行简要的比较和对照。

参考文献

Adler, P. 1981. *Momentum*. Beverly Hills, CA: Sage.

—— and P. A. Adler. 1987. *Membership Roles in Field Research*. Beverly Hills, CA: Sage.

Adler, P. A. 1985. *Wheeling and Dealing*. New York: Columbia University Press.

Adler, P. A., P. Adler, and E. B. Rochford, Jr., eds. 1986. "The Politics of Participation in Field Research" [Special issue]. *Urban Life* 14(4, January).

Agar, M. H. 1986a. *Independents Declared*. Washington, DC: Smithsonian Institution Press.

——. 1986b. *Speaking of Ethnography*. Beverly Hills, CA: Sage.

Altheide, D. L. 1976. *Creating Reality*. Beverly Hills, CA: Sage.

——. 1980. "Leaving the Newsroom." Pp. 301–10 in *Fieldwork Experience*, edited by W. B. Shaffir et al. New York: St. Martin.

——. 1985. *Media Power*. Beverly Hills, CA: Sage.

——. 1987. "Ethnographic Content Analysis." *Qualitative Sociology* 10(1):65–77.

—— and J. M. Johnson. 1977. "Counting Souls." *Pacific Sociological Review* (July):328–48.

Altheide, D. L. and R. Snow. 1979. *Media Logic*. Beverly Hills, CA: Sage.

Anderson, E. 1978. *A Place on the Corner*. Chicago: University of Chicago Press.

Angell, R. C. 1936. *The Family Encounters the Depression*. New York: Scribner.

Babbie, E. 1973. *Survey Research Methods*. Belmont, CA: Wadsworth.

——. 1986. *The Practice of Social Research*. Belmont, CA: Wadsworth.

Bateson, G. and M. Mead. 1942. *Balinese Character*. New York: Academy of Sciences.

Becker, H. S. 1963. *Outsiders*. New York: Free Press.

——. 1968. "Social Observation and Social Case Studies." Pp. 232–38 in *International Encyclopedia of the Social Sciences*, edited by D. L. Sills. New York: Macmillan.

——. 1969. "Problems of Inference and Proof in Participant Observation." Pp. 260–76 in *Issues in Participant Observation*, edited by G. J. McCall and J. L.

Simmons. Reading, MA: Addison-Wesley.

——, ed. 1981. *Exploring Society Photographically*. Chicago: University of Chicago Press.

——. 1986. *Writing for Social Scientists*. Chicago: University of Chicago Press.

——, B. Greer, E. C. Hughes, and A. L. Strauss. 1961. *Boys in White: Student Culture in Medical School*. Chicago: University of Chicago Press.

Bellman, B. L. 1984. *The Language of Secrecy*. New Brunswick, NJ: Rutgers University Press.

—— and B. Jules-Rosette. 1977. *A Paradigm for Looking*. Norwood, NJ: Ablex.

Berger, B. M. 1981. *The Survival of a Counterculture*. Berkeley: University of California Press.

Berger, P. L. and T. Luckmann. 1966. *The Social Construction of Reality*. New York: Doubleday.

Bertaux, D., ed. 1981. *Biography and Society*. Beverly Hills, CA: Sage.

Birdwhistell, R. L. 1952. *Introduction to Kinesics*. Louisville, KY: University of Louisville Press.

Blalock, H. M., Jr. 1971. *Causal Models in the Social Sciences*. Chicago: Aldine & Atherton.

Blau, P. 1964. "The Research Process in the Study of *The Dynamics of Bureaucracy*." Pp.16-49 in *Sociologists at Work*, edited by P. E. Hammond. New York: Basic Books.

Blumer, H. 1954. "What is Wrong with Social Theory?" *American Sociological Review* 19:3-10.

——. 1969. *Symbolic Interactionism*. Englewood Cliffs, NJ: Prentice-Hall.

Broadhead, R. S. 1983. *The Private Lives and Professional Identity of Medical Students*. New Brunswick, NJ: Transaction.

Bromley, D. G. and A. D. Shupe, Jr. 1979. *"Moonies" in America*. Beverly Hills, CA: Sage.

Bruyn, S. T. 1966. *The Human Perspective in Sociology*. Englewood Cliffs, NJ: Prentice-Hall.

Bulmer, M., ed. 1982. *Social Research Ethics*. London: Macmillan.

Cassell, J. and M. L. Wax, eds. 1980. "Ethical Problems of Fieldwork" [Special issue]. *Social Problems* 27(February).

Chenitz, W. C. and J. M. Swanson, eds. 1986. *From Practice to Grounded Theory*. Menlo Park, CA: Addison-Wesley.

Cicourel, A. V. 1964. *Method and Measurement in Sociology*. New York: Free Press.

———. 1968. *The Social Organization of Juvenile Justice*. New York: John Wiley.

———. 1974. *Theory and Method in a Study of Argentine Fertility*. New York: John Wiley.

Clandinin, D. J. 1985. "Personal Practical Knowledge." *Curriculum Inquiry* 15(4):361-85.

Clifford, J. and G. E. Marcus, eds. 1986. *Writing Culture*. Berkeley: University of California Press.

Collier, J., Jr. 1967. *Visual Anthropology*. New York: Holt, Rinehart & Winston.

Conrad, P. and S. Reinhartz, eds. 1984. "Computers and Qualitative Data" [Special issue]. *Qualitative Sociology* 7(2, Spring/Summer).

Cook, T. D. and E. T. Campbell. 1979. *Quasi-Experimentation*. Chicago: Rand McNally.

Cooley, C. H. 1902. *Human Nature and the Social Order*. New York: Scribner.

———. 1909. *Social Organization*. New York: Scribner.

———. 1918. *The Social Process*. New York: Scribner.

———. 1969. *Sociological Theory and Social Research*. New York: A. M. Kelley. [Original work published 1930]

Corsaro, W. A. 1985. *Friendship and Peer Culture in the Early Years*. Norwood, NJ: Ablex.

Cottle, T. J. 1977. *Private Lives and Public Accounts*. Amherst: University of Massachusetts Press.

Cressey, D. R. 1953. *Other People's Money*. New York: Free Press.

Dalton, M. 1959. *Men Who Manage*. New York: John Wiley.

———. 1964. "Preconception and Methods in *Men Who Manage*." Pp. 50-95 in *Sociologists at Work*, edited by P. E. Hammond. New York: Basic Books.

Damrell, J. 1977. *Seeking Spiritual Meaning*. Beverly Hills, CA: Sage.

———.1978. *Search for Identity*. Beverly Hills, CA: Sage.

Delph, E. W. 1978. *The Silent Community*. Beverly Hills, CA: Sage.

Denzin, N. K. 1978. *The Research Act*. New York: McGraw-Hill.

———. Forthcoming. "Review Symposium on Field Methods." *Journal of Contemporary Ethnography*.

Dollard, J. 1937. *Caste and Class in a Southern Town*. New Haven, CT: Yale University Press.

Douglas, J. D. 1976. *Investigative Social Research*. Beverly Hills, CA: Sage.

———. 1985. *Creative Interviewing*. Newbury Park, CA: Sage.

———, P. A. Adler, P. Adler, A. Fontana, Freeman, and J. A. Kotarba. 1980. *Introduction to the Sociologies of Everyday Life*. Boston: Allyn & Bacon.

Douglas, J. D. and J. M. Johnson, eds. 1977. *Existential Sociology*. New York: Cambridge University Press.

Douglas, J. D. and P. K. Rasmussen, with C. A. Flanagan. 1977. *The Nude Beach*. Beverly Hills, CA: Sage.

Dressler, W. W. 1987. "The Stress Process in a Southern Black Community." *Human Organization* 46(3):211–20.

Easterday, L., D. Papodemas, L. Shorr, and C. Valentini. 1977. "The Making of a Female Researcher." *Urban Life* 6:333–48.

Easthope, G. 1971. *A History of Social Research Methods*. New York: Longman.

Ellis, C. 1986. *Fisher Folk*. Lexington: University of Kentucky Press.

Emerson, R. M. 1969. *Judging Delinquents*. Chicago: Aldine.

———, ed. 1983. *Contemporary Field Research*. Boston: Little, Brown.

Feldman, H. W., M. H. Agar, and G. M. Beschner. 1979. *Angel Dust*. Lexington, MA: Lexington Books.

Ferraro, K. J. 1981. "Battered Women and the Shelter Movement." Ph.D. dissertation, Arizona State University, Tempe, Department of Sociology.

Festinger, L., H. W. Riecken, and S. Schacter. 1956. *When Prophecy Fails*. Minneapolis: University of Minnesota Press.

Fine, G. A. 1987. *With the Boys*. Chicago: University of Chicago Press.

Fischer, P. J. 1979. "Precocious Pregnancies." Ph.D. dissertation, University of Florida, Gainesville, Department of Anthropology.

Forrest, B. 1986. "Apprentice–Participation." *Urban Life* 14:431–53.

Fowler, F. L., Jr. 1984. *Survey Research Methods*. Beverly Hills, CA: Sage.

Fox, K. J. 1987. "Real Punks and Pretenders." *Journal of Contemporary*

Ethnography 16(3):344-70.

Freudenburg, W. R. 1986. "Sociology in Legis-Land." *Sociological Quarterly* 27(3):313-24.

Gallimeier, C. P. 1987. "Putting on the Game Face." *Sociology of Sport Journal* 4:347-62.

———. Forthcoming. *Twenty Minutes to Broadway.* Philadelphia, PA: Temple University Press.

Gans, H. J. 1962. *The Urban Villagers.* New York: Free Press.

Garfinkel, H. 1967. *Studies in Ethnomethodology.* Englewood Cliffs, NJ: Prentice-Hall.

Geertz, C. 1973. *The Interpretation of Cultures.* New York: Basic Books.

Gibbs, J. P. 1972. *Sociological Theory Construction.* Hillsdale, IL: Dryden.

Glazer, B. C. and A. L. Strauss. 1967. *The Discovery of Grounded Theory.* Chicago: Aldine.

Goffman, E. 1959. *The Presentation of Self in Everyday Life.* Garden City, NY: Doubleday.

———. 1961. *Asylums.* Garden City, NY: Doubleday.

———. 1974. *Frame Analysis.* New York: Harper & Row.

Gold, R. L. 1954. "Toward a Social Interaction Methodology for Sociological Field Observation." Ph. D. dissertation, University of Chicago, Department of Sociology.

———. 1958. "Roles in Sociological Field Observations." *Social Forces* 36:217-23.

——— .1969. "Roles in Sociological Field Observations," Pp. 30-39 in *Issues in Participant Observation*, edited by G. J. McCall and J. L. Simmons. Reading MA: Addison-Wesley.

Golde, P., ed. 1970. *Women in the Field.* Chicago: Aldine.

Gordon, D. F. 1987. "Getting Close by Staying Distant." *Qualitative Sociology* 10(3):267-87.

Haaken, J. and R. Adams. 1983. "Pathology as 'Personal Growth.'" *Psychiatry* 46(3):270-80.

Hall, E. T. 1959. *The Silent Language.* New York: Anchor.

———.1966. *The Hidden Dimension.* New York: Anchor.

——. 1976. *Beyond Culture*. New York: Anchor.

Hammersley, M. and P. Atkinson. 1983. *Ethnography*. London: Tavistock.

Hayano, D. H. 1982. *Poker Faces*. Berkeley: University of California Press.

Hebert, Y. M. 1986. "Naturalistic Evaluation in Practice." *Curriculum Inquiry* 15(4):361–85.

Hilbert, R. A. 1980. "Covert Participant Observation" *Urban Life* 9:51–78.

Hinkle, R. C. and G. J. Hinkle. 1954. *The Development of Modern Sociology*. New York: Random House.

Hochschild, A. R. 1983. *The Managed Heart*. Berkeley: University of California Press.

Hockey, J. 1986. *Squaddies*. Ester: Wheaton.

Hocking, P., ed. 1975. *Principles of Visual Anthropology*. The Hague, the Netherlands: Mouton.

Horowitz, R. 1983. *Honor and the American Dream*. New Brunswick, NJ: Rutgers University Press.

Hughes, P. H. 1977. *Behind the Wall of Respect*. Chicago: University of Chicago Press.

Humphreys, L. 1970. *Tea-Room Trade*. Chicago: Aldine.

Hunt, J. 1984. "The Development of Rapport Through the Negotiation of Gender in Field Work Among Police" *Human Organization* 43(4):283–95.

Husband, R. L. 1985. "Toward a Grounded Typology of Organizational Leadership Behavior." *Quarterly Journal of Speech* 71:103–18.

Irwin, J. 1970. *The Felon*. Englewood Cliffs, NJ: Prentice-Hall.

——. 1980. *Prisons in Turmoil*. Boston: Little, Brown.

Jacobs, J. 1977. *Stateville*. Chicago: University of Chicago Press.

Johnson, J. M. 1975. *Doing Field Research*. New York: Free Press.

——. 1977. "Behind the Rational Appearances." Pp. 201–228 in *Existential Sociology*, edited by J. D. Douglas and J. M. Johnson Cambridge: Cambridge University Press.

Jorgensen, D. L. 1979. "Tarot Divination in the Valley of the Sun." Ph.D. dissertation, Ohio State University, Columbus, Department of Sociology.

——. 1982. "The Esoteric Community: An Ethnographic Investigation of the

Cultic Milieu" *Urban Life* 10(4):383–407.

——. 1983. "Psychic Fairs: A Basis of Solidarity and Networks Among Occultists." *California Sociologist* 6(1):57–75.

——. 1984. "Divinatory Discourse" *Symbolic Interaction* 7(2, Summer/Fall): 135–53.

—— and L. Jorgensen. 1982. "Social Meanings of the Occult." *Sociological Quarterly* 23(3, Summer):373–89.

Jules–Rosette, B. 1975. *African Apostles*. Ithaca, NY: Cornell University Press.

——. 1984. *The Messages of Tourist Art*. New York: Plenum.

Junker, B. H. 1960. *Field Work*. Chicago: University of Chicago Press.

Kaplan, A. 1964. *The Conduct of Inquiry*. San Francisco: Chandler.

Kirk, J. and M. L. Miller 1986. *Reliability and Validity in Qualitative Research*. Beverly Hills, CA: Sage.

Kirk, R. C. 1981. "Microcomputers in Anthropological Research." Pp. 473–92 in *Microcomputers in Social Research*, edited by D. R. Heise. Beverly Hills, CA: Sage.

Kleinman, S. 1984. *Equals Before God*. Chicago: University of Chicago Press.

Klockars, C. B. 1974. *The Professional Fence*. New York: Free Press.

—— and F. W. O' Connor, eds. 1979. *Deviance and Decency*. Beverly Hills, CA: Sage.

Knorr–Cetina, K. D. and M. Mulkay. 1983. *Science Observed*. Beverly Hills, CA: Sage.

Kornblum, N. 1974. *Blue Collar Community*. Chicago: University of Chicago Press.

Kotarba, J. A. 1977. "The Chronic Pain Experience." Pp. 257–72 in *Existential Sociology*. edited by J. P. Douglas and J. M. Johnson. Cambridge: Cambridge University Press.

——. 1980. "Discovering Amorphous Social Experience." Pp. 57–67 in *Fieldwork Experience*, edited by W. B. Shaffir et al. New York: St. Martin.

——. 1983. *Chronic. Pain*. Beverly Hills, CA: Sage.

—— and A. Fontana, eds. 1984. *The Existential Self in Society*. Chicago: University of Chicago Press.

Krieger, S. 1985. "Beyond Subjectivity." *Qualitative Sociology* 8:309–24.

Kuhn, T. 1970. *The Structure of Scientific Revolutions*. Chicago: University of Chicago Press.

Latour, B. and S. Woolgar. 1979. *Laboratory Life*. Beverly Hills, CA: Sage.

Lazarsfeld, P. F. 1972. *Qualitative Analysis*. Boston: Allyn & Bacon.

Liebow, E. 1967. *Tally's Corner*. Boston: Little, Brown.

Lindeman, E. C. 1923. *Social Discovery*. New York: Republic Press.

Lindesmith, A. R. 1947. *Opiate Addiction*. Bloomington, IL: Principa.

Lofland, J. 1966. *Doomsday Cult*. Englewood Cliffs, NJ: Prentice-Hall.

——. 1971. *Analyzing Social Settings*. Belmont, CA: Wadsworth.

—— and L. H. Lofland. 1984. *Analyzing Social Settings*. Belmont, CA: Wadsworth.

Lyman, S. M. and M. B. Scott. 1970. *A Sociology of the Absurd*. New York: Appleton-Century-Crofts.

——. 1975. *The Drama of Social Reality*. New York: Oxford.

Lynch, M. 1985. *Art and Artifact in Laboratory Science*. London: Routledge & Kegan Paul.

Lynd, R. S. and H. M. Lynd. 1929. *Middletown*. New York: Harcourt Brace.

MacIver, R. M. 1942. *Social Causation*. Boston: Ginn.

Maines, D. R., W. Shaffir, and A. Turowetz. 1980. "Leaving the Field in Ethnographic Research." Pp. 261-80 in *Fieldwork Experience*, edited by W. B. Shaffir et al. New York: St. Martin.

Mandell, N. 1988. "The Least-Adult Role in Studying Children." *Journal of Contemporary Ethnography* 16(4):433-67.

Manning, P. K. 1977. *Police Work*. Cambridge: MIT Press.

——. 1980. *The Narcs' Game*. Cambridge, MA: MIT Press.

Masayuki Hamabata, M. 1986. "Ethnographic Boundaries." *Qualitative Sociology* 9(4):354-71.

McCall, G. J. 1978. *Observing the Law*. New York: Free Press.

—— and J. L. Simmons. 1969. *Issues in Participant Observation*. Reading, MA: Addison-Wesley.

Mead, M. 1923. *Coming of Age in Samoa*. New York: William Morrow.

Mehan, H. 1974. "Accomplishing Classroom Lessons." Pp. 76-142 in *Language*

Use and School Performance, edited by A. V. Cicourel et al. New York: Academic Press.

—— and H. Wood. 1975. *The Reality of Ethnomethodology*. New York: John Wiley.

Miller, E. M. 1986. *Street Women*. Philadelphia: Temple University Press.

Milner, C. and R. Milner. 1972. *Black Players*. Boston: Little, Brown.

Mitchell, R. G., Jr. 1983. *Mountain Experience*. Chicago: University of Chicago Press.

Molstad, C. 1986. "Choosing and Coping with Boring Work." *Urban Life* 15(2):215–36.

Palmer, V. 1928. *Field Studies in Sociology*. Chicago: University of Chicago Press.

Pastner, C. 1982. "Rethinking the Role of the Woman Field Worker in Purdah Societies." *Human Organization* 41:262–64.

Peshkin, A. 1986. *God's Choice*. Chicago: University of Chicago Press.

Polkinghorne, D. 1983. *Methodology for the Human Sciences*. Albany: State University of New York Press.

Polsky, N. 1969. *Hustlers, Beats and Others*. New York: Anchor.

Ponse, B. 1976. "Secrecy in the Lesbian World." *Urban Life* 5:313–38.

Preble, E. and J. J. Casey, Jr. 1969. "Taking Care of Business." *International Journal of the Addictions* 4(1):1–24.

Preble, E. and T. Miller. 1977. "Methadone, Wine, and Welfare." Pp. 229–48 in *Street Ethnography*, edited by R. S. Weppner. Beverly Hills, CA: Sage.

Psathas, G., ed. 1973. *Phenomenological Sociology*. New York: John Wiley.

Punch, M. 1986. *The Politics and Ethics of Fieldwork*. Beverly Hills, CA: Sage.

Rabinow, P. 1977. *Reflections on Fieldwork in Morocco*. Berkeley: University of California Press.

Rambo, C. A. 1987. "Turn-Ons for Money." M.A. thesis, University of South Florida, Tampa, Department of Sociology.

Reimer, J. W. 1977. "Varieties of Opportunistic Research." *Urban Life* 5:467–77.

Richard, M. P. 1986. "Goffman Revisited." *Qualitative Sociology* 9(4):321–38.

Roadburg, A. 1980. "Breaking Relationships with Research Subjects." Pp. 281–91 in *Fieldwork Experience*, edited by W. B. Shaffir et al. New York: St. Martin.

Roethlisberger, F. J. and W. J. Dickson. 1939. *Management and the Worker*.

Cambridge, MA: Harvard University Press.

Sanders, C. R. 1988. "Marks of Mischief." *Journal of Contemporary Ethnography* 16(4):433–67.

Schatzman, L. and A. L. Strauss. 1973. *Field Research*. Englewood Cliffs, NJ: Prentice–Hall.

Schrodt, P. A. 1984. *Microcomputer Methods for Social Scientists*. Beverly Hills, CA: Sage.

Schutz, A. 1967. *The Phenomenology of the Social World*. Chicago: University of Chicago Press.

Scott, M. 1968. *The Racing Game*. Chicago: Aldine.

Shaffir, W. B., R. A. Stebbins, and A. Turowetz. 1980. *Fieldwork Experience*. New York:St. Martin.

Shupe, J. 1970. *The Felon*. Englewood Cliffs, NJ: Prentice–Hall.

—— and D. G. Bromley. 1980. *The Vigilantes*. Beverly Hills, CA: Sage.

Simmel, G. 1950. *The Sociology of George Simmel*, translated by K. H. Wolff. New York: Free Press.

Snow, D. A. 1980. "The Disengagement Process." *Qualitative Sociology* 3:100–22.

Spradley, J. 1970. *You Owe Yourself a Drunk*. Boston: Little, Brown.

——. 1979. *The Ethnographic Interview*. New York: Holt, Rinehart & Winston.

——. 1980. *Participant Observation*. New York: Holt, Rinehart & Winston.

Strauss, A. 1987. *Qualitative Analysis for Social Scientists*. Cambridge: Cambridge University Press.

Sudnow, D. 1967. *Passing On*. Englewood Cliffs, NJ: Prentice–Hall.

——. 1978. *Ways of the Hand*. Cambridge, MA: Harvard University Press.

Sutherland, E. and C. Conwell. 1967. *Professional Thief*. Chicago: University of Chicago Press.

Suttles, G. D. 1968. *The Social Order of the Slum*. Chicago: University of Chicago Press.

——. 1972. *The Social Construction of Communities*. Chicago: University of Chicago Press.

Taylor, S. J. 1987. "Observing Abuse." *Qualitative Sociology* 10(3):288–302.

Thomas, J. 1983. "Toward a Critical Ethnography." *Urban Life* 11:477–90.

Thomas, W. I. and D. S. Thomas. 1928. *The Child in America*. New York: Knopf.

Thomas, W. I. and F. Znaniecki. 1918–19.

The Polish Peasant in Europe and America. Chicago: University of Chicago Press.

Unruh, D. R. 1983. *Invisible Lives*. Beverly Hills, CA: Sage.

Van Maanen, J., ed, 1983. *Qualitative Methodology*. Beverly Hills, CA: Sage.

Vesperi, M. D. 1985. *City of Green Benches*. Ithaca, NY: Cornell University Press.

Vidich, A. J. and J. Bensman. 1968. *Small Town in Mass Society*. Princeton, NJ: Princeton University Press.

Wallace, W. 1971. *The Logic of Science in Sociology*. Chicago: Aldine.

Wallis, R. 1977. *The Road to Total Freedom*. New York: Columbia University Press.

Warner, W. L. 1959. *The Living and the Dead: A Study of the Symbolism of Americans*. New Haven, CT: Yale University Press.

Warner, W. L. and P. Lunt. 1941. *The Social Life of a Modern Community*. New Haven, CT: Yale University Press.

——. 1942. *The Status System of a Modern Society*. New Haven, CT: Yale University Press.

Warner, W. L. and L. Srole. 1945. *The Social Systems of American Ethnic Groups*. Vol. 3, *Yankee City*. New Haven, CT: Yale University Press.

Warren, C.A.B. 1974. *Identity and Community in the Gay World*. New York: John Wiley.

—— and P. K. Rasmussen. 1977. "Sex and Gender in Field Research." *Urban Life* 6:349–69.

Watson, J. D. 1968. *The Double Helix*. New York: Athaneum.

Wax, R. H. 1971. *Doing Fieldwork*. Chicago: University of Chicago Press.

——.1979. "Gender and Age in Fieldwork and Fieldwork Education." *Social Problems* 26:509–22.

Webb, S. and B. Webb. 1932. *Methods of Social Study*. New York: Longman, Green.

Weber, M. 1949. *The Methodology of the Social Sciences*. Glencoe, IL: Free Press.

Weppner, R. S. 1983. *The Untherapeutic Community*. Lincoln: University of Nebraska Press.

Whyte, W. F. 1955. *Street Corner Society*. Chicago: University of Chicago Press.

——. 1984. *Learning from the Field*. Beverly Hills, CA: Sage.

Wiley, J. 1987. "The 'Shock of Unrecognition' as a Problem in Participant-Observation." *Qualitative Sociology* 10(1):78–83.

Williams, D. D., ed. 1986. *Naturalistic Evaluation*. San Francisco: Jossey–Bass.

Wiseman, J. P. 1970. *Stations of the Lost*. Englewood Cliffs, NJ: Prentice–Hall.

Woods, P. 1985. "Sociology, Ethnography and Teacher Practice." *Teaching and Teacher Education* 1(1):51–62.

Wright, S. 1978. *Crowds and Riots*. Beverly Hills, CA: Sage.

Yin, R. K. 1984. *Case Study Research*. Beverly Hills. CA: Sage.

Zimmerman, D. H. and D. L. Weider. 1977. "The Diary." *Urban Life* 5(4):479–98.

Znaniecki, F. 1935. *The Method of Sociology*. New York: Holt, Rinehart & Winston.

——. 1952. *Cultural Sciences*. Urbana: University of Illinois Press.

——. 1965. *Social Relations and Social Roles*. San Francisco: Chandler.

Zurcher, L. A. 1977. *The Mutable Self*. Beverly Hills, CA: Sage.